UI设计从业必读

配色+布局+海报+移动
电商UI设计教程

姜玉声　编著

电子工业出版社
Publishing House of Electronics Industry
北京·BEIJING

内 容 简 介

电子商务是近几年互联网飞速发展的产物，它是一种新兴的商业模式。电商UI设计可以称为视觉营销，主要作用为使消费者在看到商品后有购买的冲动。本书是一本全面讲解电商UI设计的案例教程，语言浅显易懂，配合大量精美的电商UI设计案例，全面介绍了电商UI设计各方面的相关知识，以及使用Photoshop设计制作电商UI的方法和技巧，使读者在掌握电商UI设计相关知识的同时，能够做到活学活用。

本书的配套资源包括所有案例的源文件、素材及视频教程，方便读者借鉴和使用。

本书适合准备学习或正在学习电商UI设计的初、中级读者及设计爱好者阅读，也可以为电商企业美工人员及相关专业的学习者提供参考。

图书在版编目（CIP）数据

配色＋布局＋海报＋移动电商 UI 设计教程 / 姜玉声编著 . —北京：电子工业出版社，2021.9
（UI 设计从业必读）

ISBN 978-7-121-41766-5

Ⅰ . ①配… Ⅱ . ①姜… Ⅲ . ①电子商务—视觉设计—教材 Ⅳ . ① F713.36 ② J062

中国版本图书馆 CIP 数据核字（2021）第 159989 号

责任编辑：陈晓婕　　　　　　　特约编辑：田学清
印　　刷：中国电影出版社印刷厂
装　　订：中国电影出版社印刷厂
出版发行：电子工业出版社
　　　　　北京市海淀区万寿路 173 信箱　　　　邮编：100036
开　　本：787×1092　　1/16　　印张：14.5　　字数：469 千字
版　　次：2021 年 9 月第 1 版
印　　次：2021 年 9 月第 1 次印刷
定　　价：89.80 元

凡所购买电子工业出版社图书有缺损问题，请向购买书店调换。若书店售缺，请与本社发行部联系，联系及邮购电话：（010）88254888，88258888。

质量投诉请发邮件至 zlts@phei.com.cn，盗版侵权举报请发邮件至 dbqq@phei.com.cn。

本书咨询联系方式：（010）88254161 ~ 88254167 转 1897。

随着电子商务的快速发展，电商企业的规模不断扩大，对人才专业化、细分化的需求更加迫切，然而实战型的电商人才匮乏，已成为电商行业快速发展的瓶颈。电商平台跟实体店一样，也是需要进行包装的，电商UI设计已经发展成为一种趋势，特色鲜明的电商平台必须要有独特的UI设计，才能够提升平台的知名度和访问量。

本书从电商UI设计的理论知识出发，配以专业的图形处理软件Photoshop进行讲解，重点向读者介绍电商UI设计的相关理论知识和应用。通过对大量电商UI设计案例进行分析和制作，使读者能够学以致用。

本书内容安排

本书内容浅显易懂、简明扼要，将专业的理论知识讲解与精美的案例制作相结合，循序渐进地讲解电商UI设计的各方面知识，使读者在学习、欣赏的过程中丰富设计创意并提高动手设计能力。

第1章　电商UI设计基础，主要向读者介绍电商UI设计的相关基础知识，使读者对电商UI设计的概念、移动电商等相关知识有更加全面、深入的理解。

第2章　电商UI设计配色，主要向读者介绍电商UI设计配色的相关知识，使读者掌握色彩的理论知识及电商UI配色的方法和技巧，从而通过完美的色彩搭配突出电商UI的视觉表现效果。

第3章　电商UI设计中的基础元素，主要向读者介绍电商UI设计中基础元素的设计方法与技巧，这些基础元素包括店标、店招、图标和导航等。

第4章　电商文字与广告设计，主要向读者介绍电商UI中文字与广告设计的相关知识，并通过对案例的制作与讲解，使读者掌握电商文字与广告的设计方法和技巧。

第5章　电商海报设计，主要向读者介绍电商海报设计的相关知识，使读者理解并掌握电商海报的表现形式和构图方法，并且通过对案例的制作与讲解，使读者掌握电商海报的设计方法和技巧。

第6章　电商UI的构图与布局，主要向读者介绍电商UI构图与布局的相关知识，使读者对电商UI的构图标准、构图方法、首屏布局及商品列表界面布局等有更加全面、深入的理解。

第7章　移动电商UI设计，主要向读者介绍移动电商UI设计的相关知识，并且通过多款移动电商App的UI设计案例向读者讲解移动电商UI设计的方法和技巧。

本书特点

本书通俗易懂、内容丰富、版式新颖、实用性强，通过学习电商UI设计的基础理论知识，理解电商UI设计的表现方法与形式，并且通过电商UI设计案例的设计与制作，掌握电商UI设计的方法和技巧；将理论知识与案例制作相结合，使读者能够融会贯通。

本书适合准备学习或正在学习电商UI设计的初、中级读者阅读。本书充分考虑到初学者可能遇到的困难，讲解全面深入，结构安排循序渐进，使读者在掌握知识要点后能够有效总结，并且通过案例分析和实践巩固所学知识，从而提高学习效率。

书中难免有错误和疏漏之处，希望广大读者朋友批评、指正。

编著者

目录 CONTENTS

第4章　电商文字与广告设计

第5章　电商海报设计

第6章　电商UI的构图与布局

第7章　移动电商UI设计

读 者 服 务

扫一扫关注"有艺"

读者在阅读本书的过程中如果遇到问题，可以关注"有艺"公众号，通过公众号中的"读者反馈"功能与我们取得联系。此外，通过关注"有艺"公众号，您还可以获取艺术教程、艺术素材、新书资讯、书单推荐、优惠活动等相关信息。

资源下载方法：关注"有艺"公众号，在"有艺学堂"的"资源下载"中获取下载链接，如果遇到无法下载的情况，可以通过以下三种方式与我们取得联系：

1. 关注"有艺"公众号，通过"读者反馈"功能提交相关信息；

2. 请发邮件至 art@phei.com.cn，邮件标题命名方式：资源下载＋书名；

3. 读者服务热线：（010）88254161~88254167 转 1897。

投稿、团购合作：请发邮件至 art@phei.com.cn。

第1章　电商UI设计基础

电子商务经过几年的发展已经逐渐成熟，并且已经形成了自己的模式和风格。但是对于电商UI的设计风格，大多数人还停留在最初的使用商品堆砌+文字信息+各种乱七八糟的效果上。最近两年电商UI设计越来越受重视，而且设计风格逐步走向简洁。这种变化是随着电商的不断发展，更加重视商品的品质而进化的。本章主要介绍电商UI设计的相关基础知识，使读者对电商UI设计的概念、移动电商等相关知识有更加全面、深入的理解。

1.1　了解电商UI设计

当消费者浏览一个电商平台时，留下的第一印象不是缤纷的商品、超低的价格，而是整个电商UI的设计风格。因此在不计其数的电商平台中，要让自己的平台出类拔萃，就需要拥有出色的电商UI设计。

1.1.1　什么是电子商务

电子商务可以利用计算机技术、网络技术和远程通信技术，实现电子化、数字化、网络化、商务化的商务活动。电子商务是以商务活动为主体、以计算机网络为基础、以电子化方式为手段，在法律允许的范围内进行的商务交易过程。电子商务中传统商业活动各环节的电子化、网络化，其最典型、最常见的代表是淘宝网、京东商城，如图1-1所示。

图1-1

简单地说，电子商务就是依赖于互联网产生的一种线上和线下交易的商业活动。目前主流的电商模式主要有B2B、C2C、B2C、O2O、P2P等。

1. B2B

B2B（Business To Business）是指连接代理商、生产商、零售商之间的线上、线下交易的商业模式，如阿里巴巴采用的就是B2B模式。

2. C2C

C2C（Customer To Customer）是指个人对个人的网上交易模式，如淘宝网采用的就是C2C模式。

3. B2C

B2C（Business To Customer）是指商家对个人消费者的网上交易模式，如天猫、京东、苏宁等采用的都是B2C模式。

4. O2O

O2O（Online To Offline）是指在线上下单支付、在线下消费的商业模式，如京东到家、饿了么、美团等采用的都是O2O模式。它跟团购模式是不同的，因为团购是限时间段的促销，并且支付情况由团购平台说了算，商家是不知情的，所有消费者的信息资料都掌握在平台那里，商家跟消费者之间在线上没有任何交流。

5. P2P

P2P又称为互联网金融，是一种需要借助电子商务平台帮助借贷双方确立借贷关系并完成相关交互手续的小额借贷交易模式。

1.1.2 电商UI设计属于什么范畴

电商UI设计是传统平面设计和网页设计的结合体，是互联网时代的产物，所以，电商UI设计属于UI设计的一个分支。

UI（User Interface，用户界面）设计是对人、人与界面、界面这3个方面进行研究的整体设计。好的UI设计不仅可以让界面变得有个性、有品位，还可以使用户的操作更舒服、简单、自由，并且充分体现商品的定位和特点。

以前我们可以看到各种超市的促销海报，在海报中可以看到各种商品的折扣信息，但是要买东西还是需要去实体店。电商UI设计的任务是直接在网上将商品信息展示在网页或手机App中，用户可以在线浏览商品信息并购买商品，这个过程涉及人与界面之间的交流互动。图1-2所示为传统超市促销海报与电商促销专题页面的设计对比。

传统超市促销海报，商品促销信息排列整齐、直观，但在美观和视觉艺术表现方面有所欠缺

电商促销专题页面，设计师根据商品的特点和定位进行设计，整体视觉效果更加美观、精致，给消费者带来美好的视觉感受

图1-2

电商UI设计可以让电商UI更有附加值，更具有信任感，因为消费者只能通过电商UI中的文字和图片了解商品，所以设计出色的电商UI能够增加消费者的信任感，是提高商品附加值和电商平台浏览量的重要手段，对电商品牌的树立起着重要作用。图1-3所示为设计出色的电商UI。

图1-3

1.1.3　电商UI设计的重要性

作为视觉动物，人的第一印象对其认知会产生相当大的影响。同样，逛街购物也是如此，设计出色且独具特色的电商UI可以使人们的购物心情更舒畅，从而增强其购买欲。如果电商UI设计毫无特点，商品排放毫无秩序，消费者的购买欲也会大打折扣。

无论是电商网站还是电商App，都需要将UI设计得更加精美、个性，这样才能吸引消费者。图1-4所示为设计精美的电商促销界面。电商UI设计对商品销售的重要性主要表现在如下几个方面。

1.　给人信任感

在网上购买商品，消费者都是通过电商UI获取商品相关信息的，所以更需要在美观上下功夫，特别是新的电商品牌或新开的网店，需要对界面进行精心的设计，从而吸引并留住消费者，而且精心设计的界面能够给人一种信任感。

2.　有助于提升形象

商品固然重要，但也绝对不能忽视界面的设计。电商UI设计与实体店的装修一样，能够让消费者在视觉和心理上感受到店铺的用心，并且能够最大限度地提升电商品牌形象，有利于电商品牌的形成，从而提高浏览量。

3.　提升购买概率

很多新开的店铺并不注重电商UI设计，界面中的商品分类混乱，商品描述也是简单的图片和文字，并且图片和文字没有经过艺术处理，这样的界面会给人很糟糕的购物体验。经过精心设计的电商UI能够给消费者留下深刻的印象，从而大幅提高消费者的购买概率。

4.　增加消费者的停留时间

出色的电商UI设计会增加消费者的停留时间。美观、合适的电商UI设计，可以给消费者带来美感，使消费者在浏览界面时不疲劳，自然会更细心地浏览界面中的商品。好的商品在诱人的修饰衬托下，更容易被消费者接受，有利于促成商品销售。

图1-4

1.1.4　电商的发展趋势

随着科技的发展、互联网和智能手机的普及，人们的生活习惯发生了很大变化，人们的日常生活越来越离不开手机。因此电商UI设计需要做出相应的改变，如在设计风格、界面尺寸等方面符合用户的使用习惯。

在进行电商UI设计时，需要根据其针对的设备采用不同的设计风格和表现形式。例如，在PC端的电商UI中需要设计一个商品列表，惯性思维都会在列表结束位置放置一个"查看更多"按钮，用户单击这个按钮可以查看更多商品，而在移动端的UI设计中可以省去这个按钮，因为用户习惯在移动界面中通过上下滑动或左右滑动界面来查看更多内容，所以需要在滑动界面的过程中加载更多商品信息。图1-5所示为移动端电商UI设计。

图1-5

 据统计，目前电商平台中有80%～90%的订单是由移动端贡献的，甚至很多小电商平台已经放弃PC端，将精力集中在移动端平台上。也就是说，移动端才是电商未来的发展趋势。

1.1.5 电商设计师的要求

大型电商平台的设计师分工比较明确，往往只需熟练掌握Photoshop、Illustrator、CorelDRAW等设计软件的使用方法，主要专注于电商UI的视觉设计和创意，并不强制要求会切图和制作网页。对于店铺类的电商设计师，可能不仅需要会使用Photoshop、Illustrator、CorelDRAW等设计软件，还需要掌握网页制作的相关知识，往往既要实现界面的视觉设计，还需要进行切图，并且使用Dreamweaver将其制作成网页。此外，绘画对于电商设计师来说是非常加分的一项技能，虽然并不是必须要掌握的。

电商设计师除了需要掌握必备的软件技能，还需要掌握相关的设计理论知识，如色彩构成、平面构成、立体构成、文案创意、市场营销、用户体验等。商业设计需要在确定其活动目的的基础上进行合适的设计，要面对需求、面对消费者，所以会涉及以上知识点，其他方面还包括沟通能力、理解能力、生活阅历、人际关系等。

1.2 移动电商

在移动互联网时代，随时随地浏览和操作成为用户体验最直接的要求，这也是电商模式的发展趋势之一。移动电商的深入开发和成熟应用早已成为可能，这大大增强了用户的体验效果。

1.2.1 什么是移动电商

移动电商是指使用智能手机、平板电脑等无线终端设备进行B2B、B2C、C2C和O2O的电子商务。移动电商将互联网、移动通信技术、短距离通信技术及其他信息处理技术完美结合，使人们可以在任何时间、任何地点进行各种商贸活动，实现随时随地进行在线电子支付，以及各种交易活动、商务活动、金融活动和相关的综合服务活动等。图1-6所示为移动端天猫商城、京东商城、苏宁易购和支付宝的电商UI。

图1-6

用户的需求决定了市场的走向。移动电商市场从用户体验上打破了传统的模式，给人耳目一新的感觉，恰如其分地契合人们的体验需求，优秀的用户体验使之逐渐渗透到人们的生活之中。没有复杂的平台和时间的束缚，只需轻松触控，随时随地完成操作，使其成为生活中一种重要的消费方式。

1.2.2　移动电商与传统电商的区别

我们平常狭义理解的电商就是在电脑上进行的商务活动，但是随着移动技术的发展，很多需要在电脑上进行的商务活动，现在通过手机一样可以进行，这个就属于移动电子商务。

IDC（International Data Corporation，国际数据公司）认为，移动电商市场的发展不是简单地由PC端向移动端的迁移过程，而是一次以个人消费者为中心的产业模式重构。

移动电商市场吸引了许多竞争者，如PC互联网时代的淘宝、京东等电子商务巨头，跃跃欲试借助O2O转型的苏宁、国美、万达等传统零售巨头，甚至有海尔、联想等品牌厂商。在移动电商模式下，对个人消费者本身的争夺将逐步替代流量入口之争，成为产业各方获取竞争优势的关键。

需要注意的是，由于基于固定PC互联网的电商与移动电商具有不同特征，移动电商不可能完全替代传统电商，二者是相辅相成的。移动通信具有灵活、便捷的特点，决定了移动电商应该定位于大众化的个人消费领域，并且提供大众化的商务应用。

1.2.3　移动电商的现状

移动互联网因其可以为用户随时随地提供所需的服务、应用、信息和娱乐，同时满足用户及商家从众、安全、社交及自我实现的需求，使人们对移动性和信息的需求急速上升，移动互联网已经渗透到人们生活、工作的各个领域，为移动电子商务的发展奠定了很好的基础。

传统零售业升级改造已经成为必然的发展趋势，体验式消费、生活中心增加线上体验，大数据的搜集、分析和应用将成为传统零售业新的经营利器。未来的市场必将经历一场经营体制和模式的变革，压缩中间环节，压缩经营成本，直接让利消费者，从而节约顾客的交通成本、时间成本、精力成本。方便消费者，才是商业经营的根本。因此，实体品牌需要快速创建自己的电商销售平台，一方面可以解决实体品牌的商品库存问题和商品销量问题，另一方面有助于树立品牌形象。图1-7所示为不同风格的服装电商App。

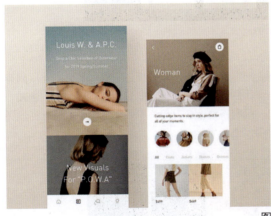
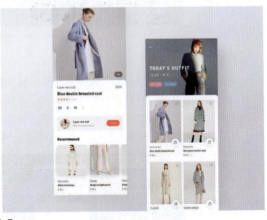

图1-7

根据电商的发展趋势将店商与电商完美结合，实现O2O最新经营模式是未来企业的首选经营之道。移动电商已经成为未来发展的必然趋势，线上、线下相结合的O2O模式也将成为近期电商的主流发展方向。随着移动互联网的发展，在不久的将来，移动电商将逐步取代PC电商，成为电商的主流平台。

1.2.4 移动电商的应用形式

移动电商除了我们通常理解的购物，还有许多不同的应用形式，概括起来主要包括银行业务、交易、订票、购物、娱乐、无线医疗等。

1. 银行业务

移动电商使用户能随时随地在网上安全地进行个人财务管理，进一步完善互联网银行体系。用户可以使用其移动终端核查账户、支付账单、进行转账及接收付款通知等。图1-8所示为移动端手机银行App。

图1-8

2. 交易

移动电商具有即时性，因此非常适合用于股票、金融等交易应用。移动设备可以接收实时财务新闻和信息，也可以确认订单并安全地在线进行股票交易。图1-9所示为移动端股票和金融交易App。

图1-9

3. 订票

通过互联网预订机票、车票或电影票等已经发展成一项重要业务，其规模还在继续扩大。互联网有助于核查票证的有无，并且进行购票和确认。移动电商用户能在票价优惠或航班取消时立即得到通知，可以在线支付票费或在旅行途中临时更改航班或车次。借助移动设备，用户可以浏览电影剪辑、阅读评论，然后订购邻近电影院的电影票。图1-10所示为移动端订票业务App。

图1-10

4. 购物

借助移动电商，用户能够使用移动通信设备进行网上购物，如订购鲜花、礼物、食品等。传统购物也可通过移动电商得到改进。例如，用户可以使用"无线电子钱包"等具有安全支付功能的移动设备，在商店或自动售货机中进行购物。图1-11所示为移动端购物App。

图1-11

5. 娱乐

移动电商带来了一系列娱乐服务，用户可以在移动设备上收听音乐，可以在网上与朋友们玩交互式游戏，等等。图1-12所示为移动端音乐与游戏App。

图1-12

6. 无线医疗

医疗产业的显著特点是每秒钟对病人都非常关键，因此这个行业十分适合移动电商的开展。在紧急情况下，救护车可以作为进行治疗的场所，借助无线技术，救护车可以在移动的情况下与医疗中心和病人家属进行快速、动态、实时的数据交换。在无线医疗商业模式中，病人、医生、保险公司都可以获益，也会愿意为这项服务付费。由于医疗市场的空间非常巨大，并且提供这种服务的公司为社会创造了价值，同时，这项服务非常容易扩展到全国乃至全世界，因此我们相信无线医疗的发展有很大潜力。图1-13所示为无线医疗App。

图1-13

1.3 移动电商UI设计与传统电商UI设计的差异

通信技术的发展带动了无线通信技术的迅速发展，智能手机和平板电脑等移动设备已经成为人们进行电子商务活动的首选。智能手机和平板电脑与传统的PC设备有着巨大的差异，这种差异使移动电商UI设计明显区别于传统电商UI设计。本节向读者介绍移动电商UI设计与传统电商UI设计的差异。

1.3.1 使用场景

PC端	移动端
通常是在室内办公桌前，使用时间相对较长	既可以长时间使用，也可以利用碎片化的时间使用，并且使用场景多样化，或坐或站或躺或行走，姿势不一

设计要点如下：

- 在使用移动电商App时，用户很容易被周边环境影响，对界面中展示的内容可能没那么容易留意到。在长时间使用时更适合沉浸式浏览。在利用碎片化时间浏览时用户可能没有足够的时间，每次浏览内容有限，因此类似"收藏"等功能比较实用。用户在移动过程中容易误操作，需要考虑如何防止误操作、如何在误操作后恢复。
- Web网站的环境相对固定，用户更加专注。可以在Web网站界面中安排更多的内容，使浏览者获得更加全面的资讯和内容。

1.3.2 交互方式

PC端	移动端
使用鼠标或触摸板作为交互操作，多采用单击操作，也支持鼠标指针滑过、右击等操作方式	使用手指触控移动设备屏幕进行交互操作，除了通用的点击操作，还支持滑动、捏合等复杂的手势

设计要点如下：

- 与鼠标指针相比，手指触摸范围更大，较难精确控制点击位置，所以App界面中的点击区域要设置得更大一些，不同点击元素间隔不能太近，如图1-14所示。
- 移动电商App支持丰富的手势操作，如通过左滑选项显示该选项的"删除""取消关注"等相关操作选项，这种操作方式的特点是快捷、高效，但对初学者来说有一定的学习成本。在合理设计快捷操作方式的同时，还需要支持最通用的点击方式来完成任务的操作流程。图1-15所示为移动电商App界面中丰富的交互操作方式。

图1-14

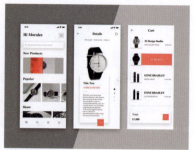

图1-15

- 移动电商App以单手操作为主，界面中的重要元素需要在用户单手点击范围内，或者提供快捷的手势操作。

● Web网站支持鼠标指针滑过的效果，网站中的一些提示信息通常采用鼠标指针滑过展开/收起的交互方式，但是移动电商App界面不支持这类交互方式，通常需要点击特定的按钮来展示/收起相应的提示信息。

1.3.3　屏幕尺寸

PC端	移动端
PC端显示器尺寸较大，并且浏览器窗口可以进行缩放操作，但是不同的PC端显示器分辨率不同	移动设备的屏幕尺寸相对较小，并且移动设备支持横屏和竖屏的方向切换，但不同移动设备屏幕的分辨率差异较大

设计要点如下：

● 移动设备的屏幕尺寸较小，能够展示的内容有限，因此需要明确界面中内容的重要性和优先级，对优先级较高的主要内容突出展示，对次要内容适当使用"隐藏"方式。图1-16所示为移动电商App界面，以商品的展示为主，通过商品吸引用户关注。

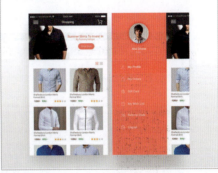

图1-16

● 因为移动设备屏幕的分辨率差异较大，所以移动电商App在界面布局、图片、文字的显示上，需要兼顾不同移动设备中的显示效果，这就要求设计师与开发人员共同配合做好适配工作。

● 因为移动设备支持横屏、竖屏的自由切换，所以在设计移动电商App时（特别是游戏、视频应用等），需要考虑用户是否有"切换手持方向"的需求、在哪些情况下会切换屏幕方向、界面内容如何进行切换展示等。

● 因为Web网站显示器分辨率差异较大，并且浏览器窗口尺寸可变化，所以在设计时需要考虑在分辨率不同的情况下页面内容的展示和布局。因为显示器分辨率的问题，采用传统制作方法会导致页面展示的不同。采用响应式布局能够满足用户在不同显示器分辨率下的浏览需求，并且能够很好地适配智能移动设备对页面的访问。图1-17所示为响应式电商网站设计。

图1-17

1.3.4　信息组织

PC端	移动端
用户在使用时的专注度会比较高，同时屏幕容量大，交互操作容易，因此传统PC电商UI中的信息组织相对比较灵活，可以针对电商本身的规模呈现宽而深或窄而深的层级关系	移动电商受移动设备屏幕容量的限制，在内容的展示方式上会针对功能和用户需求进行细化和简化

设计要点如下：

- 移动电商的信息组织与设计更加重视提高单页信息传输能力，尽量减少跨页信息传递，通过压缩或拉宽信息组织结构来避免因反复切换页面造成的用户流失。

- 移动端页面之间的切换除了会受网络速度的影响，还会受智能移动设备本身的影响。因此，移动电商在内容的层级组织上，通常会呈现出宽而浅或窄而浅的层级关系。图1-18所示为PC端的"苏宁易购"网站界面，在界面顶部展示了频道分类，在界面左侧展示了详细的商品分类。图1-19所示为移动端的"苏宁易购"App界面，首页使用功能图标的形式展示频道分类，如果用户需要查看详细的商品分类，则需要在底部点击"分类"选项切换到商品分类页面，在该页面显示商品的详细分类。

商品详细分类　　　　　　　　　　　　　　　　　　　　频道分类

图1-18

使用功能图标表现频道分类

商品分类页面入口

商品分类页面，左侧为商品大类，右侧使用图标与文字相结合的形式展示详细的商品类别

图1-19

1.3.5 导航系统

PC端	移动端
PC端通常会在界面的顶部和左侧放置导航系统的相关选项，顶部和左侧区域也是用户的视觉焦点区域，进入网站就能够注意到，非常醒目	移动端由于受屏幕尺寸的限制，不可能在界面中展示所有的导航选项，通常会在界面中隐藏导航系统，从而使更多的屏幕空间用于展示商品。当用户需要使用导航系统时，可以点击相应的图标，以交互的方式显示隐藏的导航系统

设计要点如下：

● 导航系统关注的是如何浏览信息，其作用是告诉用户当前的位置，以及如何返回原来的位置，它是信息架构的视觉表现。

● 在传统电商向移动电商发展的过程中，要对原导航进行一定的删减、隐藏、组织，使其更加适合移动端屏幕的特性。此外，要把握目标用户的本质需求，结合移动电商的使用场景、用户的使用习惯、软件和硬件的特性等对导航系统进行再设计。例如，在PC端"天猫商城"的导航系统中，商品分类的划分非常细致，并且以文字形式为主，如图1-20所示；而在移动端"天猫商城"的导航系统中，将商品分类导航设计在独立的界面中，并且重新对商品分类进行了划分，每种分类中的子商品选项都使用商品图片与文字相结合的表现形式，表现效果更加直观，并且更便于用户进行点击操作，如图1-21所示。

图1-20   图1-21

● 根据移动端特性，移动电商采用的导航系统主要有顶部扩展导航、标签导航、列表式导航等，如图1-22所示。

（顶部扩展导航）   （标签导航）   （列表导航）

图1-22

1.4　电商UI设计需要注意的问题

在网购火爆的今天，一个电商平台除商品和价格外，UI设计也很重要。在现实生活中，很多消费者是被店铺精美的设计风格吸引而点击进入的，为了招揽顾客，电商UI也同样需要进行精心的设计才能吸引消费者的眼球。

1.　清晰的思路

电商平台的特色是什么，主营什么，目标群体是哪些？首先需要有一个明确的思路。

2.　合适的时机

配合不同的季节、假日、店庆、新品推广等选择合适的UI设计风格，可以在视觉上给消费者带来新鲜感。

3.　风格统一

UI设计风格要统一，一个电商网站或App中包含多个界面，这些界面都需要保持统一的设计风格。例如，在设计生鲜类电商平台时，可以将绿色作为主色调，风格以清爽、简洁为主，能够给人一种自然、新鲜的感觉，也比较符合平台主营商品的特点。

4.　合理的色彩搭配

除了风格，色彩搭配也很重要，合理的色彩搭配不但可以提高消费者的购买意愿，还可以提高商品的品位。

5.　突出主次，切忌花哨

电商UI设计得美观，确实能够吸引更多消费者的眼球，但需要清楚一点，UI的视觉设计不能抢了商品的风头，毕竟是为了卖商品而不是秀界面，界面设计得过于杂乱、花哨反而会影响商品的展示效果。

6.　注重用户体验

电商UI布局要一目了然，如果消费者找了半天也找不到所需商品，那么怎么能留住潜在的消费者呢？所以无论是栏目的安排，还是推荐商品的设置，每一处细节都需要考虑用户体验。

1.5　如何创建成功的电商网站

电商网站是一种复杂且交互性很强的网站，电商UI就是一张在线名片，它能够帮助电商平台从海量信息中脱颖而出，并且反映出平台的可信度。当用户初次访问你创建的电商平台时，如果没有找到自己喜欢的商品，大部分人会选择离开。这就是为什么在构建和设计电商网站时，永远不要低估用户满意度带来的影响。

1.5.1　为用户群体设计

在浩瀚的网络海洋中，可以找到我们能够想象到的任何商品和内容，那么是什么使用户能够在网络中光顾你的网站，而不是去身边的实体店或商场购物呢？

这需要电商网站为用户提供良好的用户体验，使用户有信赖感和依赖感。

在网站设计之初，需要通过细致的调研分析确定网站的目标用户群体，从而在网站设计中有针对性地进行UI设计。设计师需要认清所设计的电商网站的闪光点，并且能够在设计过程中将其突出放大，从而赢得用户的尊重和信任。

图1-23所示为"有货"网站，该网站主要销售年轻人的时尚潮牌服饰，我们在其他的网站或实体店也能够买到一些时尚潮牌服饰，但是目前还没有几家电商网站能够将年轻人时尚潮版服饰如此集中，因此该网站的定位和目标人群有很强的目标性。该电商网站的UI设计采用简约的设计风格，大面积留白，使用无彩色作为主色调，重点突出各品牌服饰，简约时尚。

图1-24所示为"苏宁红孩子母婴商城"网站，该网站专注于为年轻妈妈提供全系列母婴用品。该电商网站的UI设计着力营造一种舒适、温馨的氛围，使目标用户感到安心和放心。

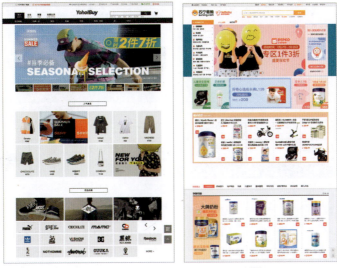

图1-23   图1-24

1.5.2 采用常规的导航

对一些企业或个人网站来说，在UI设计过程中，为了体现企业的特点或个性化特征，经常会做一些打破常规的个性化设计，而对电商网站来说，必须严格遵守"形式遵循功能"的设计理念，使不同层次的用户都能够很自然和便捷地使用该网站。

电商网站的UI设计应该遵守如下基本设计理念。

- 导航栏应该采用基本形式，水平放置在页面的顶部或垂直放置在页面的左侧。
- 在页面中提供清晰、方便的商品搜索栏。
- 页面顶部的面包屑导航是不可缺少的。
- 导航中的菜单名称应该采用通俗易懂的文字描述。
- 页面底部应该提供清晰的联系信息和客服信息。
- 页面中的交互元素应该具有一致性，包括外观和交互效果的一致性。

图1-25所示为"天猫商城"网站，该网站页面提供了顶部水平导航和左侧垂直商品总分类导航，使用不同的颜色区分，使用户能够更便捷、快速地找到自己感兴趣的商品。当用户将鼠标指针移至左侧某个商品总分类选项上时，在该选项右侧会以弹层的方式显示该商品总分类中的详细分类，便于用户快速查找所需的商品。

图1-25

1.5.3　设计一个令人惊艳的主页

　　研究表明，只需0.05秒，一个用户就能判断出你的网站是否能够满足他们的需求。而且，如果不能让用户相信你的网站是可靠、安全或有价值的，他们就会立刻抛弃你的网站。图1-26所示为简约精美的电商网站主页设计。

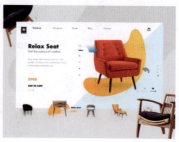

图1-26

　　那么，一个令人惊艳的主页包含哪些要素呢？

　　一个可靠的商品价值定义并非一句简单的口号，它可以向用户表明选择你的主要原因。它由强有力的标题、子标题、功能列表和视觉要素组成，简洁易懂，可以传达你的品牌优势，并且展示用户可以得到的收获。

　　展示你的可信度。在主页底部可以展示用户评价、合作伙伴、核心商品的特点和优势，以及一些最新动向。

　　让用户与网站的沟通畅通无阻。无论用户是想购买商品，还是只想了解更多，他们都会和网站进行直接交流，因此需要在主页中添加在线客服、电子邮件地址和社交媒体链接，以便潜在客户更容易联系到你。

1.5.4　让商品详情页面更易转化

　　设计师通常非常注重网站首页的设计，而在电商网站中，首页设计固然重要，但是商品详情页面也是设计师需要关注的重点。设计师需要花更多的心思使商品详情页面的视觉效果更加赏心悦目，并且让用户更容易获得需要的商品信息。常用的方法包括在商品详情页面中放置多角度拍摄的商品图片、分类清晰的商品信息等。

　　图1-27所示为"京东商城"网站的商品详情页面，该页面提供了多幅不同角度的商品图片预览，并且在将鼠标指针移至商品图片上时能够在右侧显示该商品的细节大图，商品的价格等重要信息则使用红色突出显示。

多幅不同角度的商品图片，并且在将鼠标指针移至商品图片上时能够在右侧显示该商品的细节大图

简约、整齐排列的商品基本信息，用户能够进行快速的浏览和选择，从而方便用户快速购买

图1-27

1.6　电商UI视觉营销

电商UI视觉营销就是市场营销层面上的销售技术总和，这些销售技术可以在最好的条件下（包括物质和精神两方面），向（潜在的）消费者展示我们销售的商品和服务。它存在的目的是最大限度地促进商品与消费者之间的联系，最终实现销售，同时也是增强视觉冲击力、宣扬品牌文化的手段之一。

1.6.1　电商UI视觉营销的表现

电商UI视觉营销要求店家必须保证销售的商品类型与UI设计的风格保持一致。这是因为商品的属性决定了消费群体的年龄、性别、职业、爱好等，针对不同的目标人群，采用不同的经营风格。例如，销售童装和销售珠宝的经营风格是截然不同的，销售化妆品和销售数码商品的经营风格也大相径庭。经营风格体现在商品发布的方式和时间、商品的定价、促销活动的制定等诸多方面。也就是说，目标消费群体对我们的认同感越强，就越容易成为我们的潜在客户。图1-28所示为经营不同商品的电商UI设计。

图1-28

和实体店销售模式一样，视觉营销更直接体现在UI设计风格上，因为顾客在进入电商网站后，UI设计风格会自然地给消费者留下第一印象，使消费者产生一种感觉：这家店铺的商品是否适合我？他们销售的商品是不是我需要的？同样是购买服装，消费者对商品的价值有一个心理预期，本来准备购买几件平时穿着的休闲服饰，如果看到一家店铺的设计过于高档，消费者就会有一种进错门的不适，或者产生商品价格过于昂贵的心理暗示，所以，大卖场式的设计应该有大卖场的亲民风格，而专卖店就应该有专卖店的高端风格。

设计风格还体现在界面的整体色彩、色调及图片的拍摄风格上。商品的图片、店标、标签的设计等都要考虑到整体的协调性，尽可能使整个界面的色调、风格统一。

1.6.2　不同类型的电商视觉营销方法

下面介绍几种风格各异的电商视觉营销方法供读者参考，使读者了解视觉营销的内涵。

1.　卡通商品类

如果销售的是可爱型的商品，如卡通抱枕、儿童玩具等，那么消费群体主要为学生和25岁以下的年轻人，此类消费群体有较一致的审美标准，喜欢关注这个年龄段感兴趣的东西，喜欢追赶潮流，这些都是此类消费群体的共有特性。作为经营这类商品的电商平台，应该有针对性地进行UI设计。采用活泼、鲜艳的设计风格，使用时尚的商品图片，并且使用可爱、年轻化的语言对商品进行描述，从而获得这个群体的青睐，使其因为有认同感而产生购买欲望。图1-29所示为典型的卡通商品类电商平台的视觉效果。

图1-29

2. 电子商品类

销售电子商品的电商平台在UI设计上一般是比较趋于理性的，色调以蓝色为主，体现出商品的科技感和时尚感。因为购买这类商品的消费群体以成年人为主，他们往往喜欢理性的、有工业感的、专业的设计风格。商品图片应该简单明了、色彩不花哨，商品描述和留言回复应该言简意赅，客服人员应该有较高的专业水平。图1-30所示为典型的电子商品类电商平台的视觉效果。

图1-30

3. 奢侈品类

对于销售贵重金属、钻石首饰等奢侈品的电商平台，其商品的结构决定了平台的消费群体。有调查显示，超过95%的此类商品购买者年龄范围为25～40岁，很少有年轻学生或老人来购买，这类商品的使用者以女性主，但是"买单"的消费者却以男性为主。因此，此类商品应该采用中性的UI设计风格，偏重于男士的审美习惯，同时兼顾成熟女性的审美情趣，商品的描述应该亲和、稳重。图1-31所示为典型的奢侈品类电商平台的视觉效果。

图1-31

 提示

在确定消费群体时，必须特别注意消费群体与最终使用者不一致的情况。例如，保健品类商品的使用者虽然大部分为老年人，但购买者是以年轻人为主的，大部分人购买保健品是为了孝敬老人，因此，销售此类商品的电商平台在进行视觉营销时应该更多地倾向于购买者而不是使用者。

4. 时尚服饰类

对于经营时尚服饰类的电商平台，其主要的消费群体是女性，因此平台的设计风格要符合女性的审美习惯，商品图片应该时尚漂亮，商品的描述应该和商品的风格保持一致，客服人员的语言风格也要符合这类消费群体的交流习惯。这类商品的消费者和数码商品的消费者在购买方式上有很大不同，所以需要针对这类消费群体确定相应的经营风格。图1-32所示为典型的时尚服饰类电商平台的视觉效果。

图1-32

1.7　本章小结

　　电商UI设计具有平面广告的特征，兼具网页设计的特点，是一种综合性的艺术设计。本章向读者介绍了电商UI设计的相关理论知识，通过学习这些理论知识，读者可以对电商UI设计有更深入的了解，为设计出更加符合人们审美习惯和适合消费者使用的电商UI奠定基础。

第2章　电商UI设计配色

色彩令这个世界五彩缤纷，它能够传递信息，从而影响人们的生活。色彩是一门学问，对于不同的色彩，人们的视觉感受也是不同的，因此色彩对电商UI设计具有十分重要的意义。

本章主要介绍电商UI设计配色的相关知识，使读者掌握色彩的理论知识，以及电商UI设计配色的方法和技巧，从而通过完美的色彩搭配突出电商UI的视觉效果。

2.1　色彩基础

色彩作为最普遍的审美形式之一，存在于人们日常生活的各个方面。人们的衣、食、住、行、用都与色彩有着密切的关系。色彩是人们感知事物的一个重要因素，色彩的运用在电商UI设计中起着重要作用。

2.1.1　色彩的产生

在我们的日常生活中充满着各种各样的色彩，有鲜艳的，也有暗淡的。这些颜色都来源于光，没有光就没有色彩，这是人类依据视觉经验得出的一个基本理论，光是人类感知色彩存在的必要条件。

色彩的产生，是物体有选择地吸收、反射或折射色光形成的。在光线照射到物体表面后，一部分光线被物体表面吸收，另一部分光线被反射出去，还有一部分光线穿过物体被透射出来。物体反射什么颜色的光，就会表现什么颜色。色彩就是在可见光的作用下产生的视觉现象。

色彩产生的过程如下所示。

色彩作为视觉信息，无时无刻不在影响着人们的生活。美妙的自然色彩，刺激着人们的视觉神经，感染着人们的心理情感，提供给人们丰富的视觉空间。

2.1.2　色彩三要素

世界上的色彩千差万别，每一种色彩都具有3个基本属性：色相、明度和饱和度。它们在色彩学上称为色彩的三要素或色彩三属性。

1. 色相

色相是指色彩的相貌，是一种颜色区别于另一种颜色的最大特征。色相体现了色彩外向的性格，是色彩的灵魂。

色相是由射入人眼的光线的光谱成分决定的。在可见光谱中，每一种色相都有自己的波长与频率，它们从短到长按顺序排列，就像音乐中的音阶，有序而和谐。图2-1所示为基础的12色相环。

色相可以按照光谱的顺序划分为红、红橙、橙、黄橙、黄、黄绿、绿、蓝绿、蓝、蓝紫、紫、红紫共12种基本色相

图2-1

12种色相的色调变化，在光谱色感上是均匀的。如果进一步找出其中间色，则可以得到24种色相。色相环中的各色相按色度排列，12色相环中相邻两种色相的间距为30°，24色相环中相邻两种色相的间距为15°。

2. 明度

明度是眼睛对光源和物体表面的明暗程度的感觉，是由光线强弱决定的一种视觉体验。

在无彩色中，明度最高的色彩是白色，明度最低的色彩是黑色。在有彩色中，任意一种色相都包含明度特征。不同色相的明度不同，黄色为明度最高的有彩色，紫色为明度最低的有彩色。在任意一种色彩中加入白色，都会提高其明度，白色成分越多，明度越高；在任意一种色彩中加入黑色，都会降低其明度，黑色成分越多，明度越低。

图2-2所示为色彩的明度示意图，越往上的色彩明度越高，越往下的色彩明度越低。

白

黑

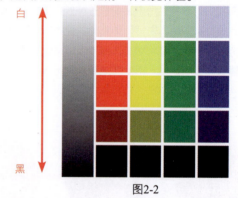

图2-2

在电商UI设计过程中，可以通过调整色彩的明度，使商品、重要信息与功能按钮在界面中凸显出来，从而有效增强界面的视觉层次感。图2-3所示为电商UI明度差异的对比，通过增大色彩明度差异，有效突出重点内容，并且增强界面的视觉层次感。

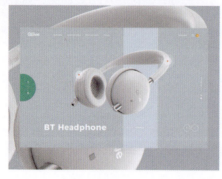

（明度差异小）

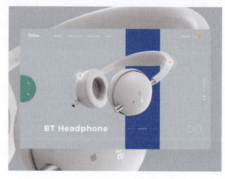

（明度差异大）

图2-3

明度是所有色彩都有的属性，是色彩搭配的基础，在 UI 设计中，色彩的明度最适合用于表现物体的立体感和空间感。

3．饱和度

饱和度是指色彩的强度或纯净程度，又称为彩度、纯度、艳度或色度。调整色彩的饱和度，也就是调整色彩的彩度。饱和度表示色相中灰色分量所占的比例，使用0%（灰色）~ 100%的百分比来度量，当图像的色彩饱和度降低为0%时，它会变成一个灰色图像，增加它的饱和度可以增加其彩度。图2-4所示为饱和度阶段变化示意图。

同一个色相的色彩，如果没有掺杂白色或黑色，则被称为纯色。在纯色中加入不同明度的无色彩，会呈现不同的饱和度。以红色为例，在纯红色中加入一点白色，饱和度下降，而明度提升，变为淡红色。继续增加白色的量，颜色越来越淡，变为淡粉色；如果加入黑色，则相应的饱和度和明度同时下降；加入灰色，则会失去光泽，如图2-5所示。

图2-4　　　　　　　　　　　　　　　　图2-5

图2-6所示为某个电商UI设计，界面中的色彩饱和度较高，色彩对比强烈，界面的整体视觉效果更加突出、清晰，高饱和度的色彩搭配非常耀眼，从而为用户带来欢乐、兴奋的情绪。如果降低该界面的色彩饱和度，如图2-7所示，虽然界面中的内容依然十分清晰，但是界面发灰，色彩对比不够强烈，给人一种灰蒙蒙、不清晰的感觉。

图2-6　　　　　　　　　　　　　　　　图2-7

不同色相的饱和度是不同的。例如，饱和度最高的颜色是红色，黄色的饱和度也较高，但绿色的饱和度仅能达到红色饱和度的一半。在人们的视觉能够感受到的色彩范围内，大部分色彩是非高饱和度色彩，也就是说，大部分色彩是含有灰色的色彩，有了饱和度的变化，才使色彩变得丰富。同一种色相，即使饱和度发生了细微的变化，也会立即带来色彩性格的变化。

2.1.3　有彩色与无彩色

色彩可以分为无彩色和有彩色两大类。无彩色包括黑色、白色和灰色，有彩色包括除无彩色外的任何色彩。有彩色具备光谱上的某种或某些色相，统称为彩调。无彩色没有任何彩调。

1. 无彩色

无彩色是指黑色、白色，以及由黑色和白色混合而成的各种灰色，其中黑色和白色是纯色。无彩色系的色彩只有一种基本属性，那就是明度。

无彩色虽然不如有彩色光彩夺目，但起着有彩色无法代替和比拟的重要作用。在UI设计中，无彩色可以使画面更加丰富多彩。

如果希望电商UI能够给用户带来一种高档感和品质感，那么可以使用无彩色进行配色，如图2-8所示。无彩色的搭配非常适合用于奢侈品、运动品牌和男性用品的电商UI设计。

这是一个奢侈品品牌的电商网站界面，使用无彩色进行界面配色，使界面中内容的表现更加清晰，使界面中商品的表现更加突出。界面中的商品图片都采用黑色背景，使商品的表现更加高档，给人一种华丽感

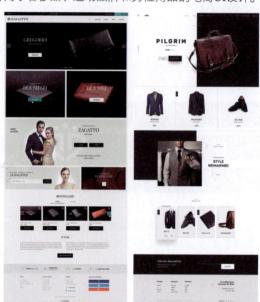

这是一个男性服饰类电商网站界面，同样使用无彩色系的白色和深灰色进行界面配色，突出表现男性的刚毅、成熟，同样体现出界面中服饰商品的高档感

图2-8

无彩色在移动端电商App界面中的应用比较广泛，通过无彩色的搭配能够有效凸显界面中商品图片的表现效果。图2-9所示为使用无彩色搭配的移动电商App的UI设计。

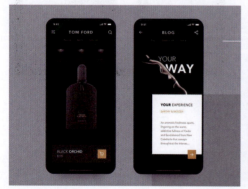

图2-9

2. 有彩色

有彩色是指除无彩色外的色彩，包括基本色、基本色之间的混合色、基本色与无彩色之间的混合色。

有彩色系的色彩性质是由光的波长和振幅决定的，它们分别控制色彩的色相和色调（色调由明度和饱和度决定）。有彩色系的色彩具有色相、明度和饱和度三个属性。

在电商UI设计中，有彩色的搭配非常广泛，不同明度和饱和度的有彩色配色，能够表现出不同的风格和情感。图2-10所示为使用有彩色进行配色的电商UI设计。

图2-10

2.2 电商UI设计中不同色彩意象的表现

色彩有各种各样的心理效果和情感效果，会给人各种各样的感受和遐想。例如，看见绿色会联想到树叶、草坪，看见蓝色会联想到海洋、水。在看见某种色彩或听见某种色彩名称时，人们会自动在心里描绘出这种色彩给我们的感受，这就是色彩意象。在电商UI设计中，可以根据色彩意象进行配色设计。

2.2.1 红色——激情、促销

在人类的发展历史中，红色代表一种特殊的力量与权势。在我国，红色是象征吉祥、幸福的代表性颜色。红色的色感温暖，性格刚烈而外向，是一种对人刺激性很强的颜色。红色容易引起人们的注意，使人兴奋、激动、紧张，但也是一种容易造成视觉疲劳的颜色。

红色可以烘托喜庆、热闹的节日氛围，在电商UI设计中，常常将红色作为促销或节日活动的主色调。红色可以体现出女性的妖娆、妩媚和性感，可以体现出商品的力量感和能量感，还可以表现食物的诱人。

下面列举一些电商UI设计中常用的红色。

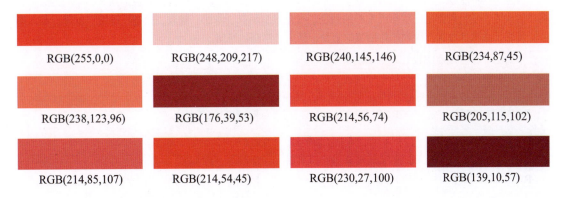

RGB(255,0,0)	RGB(248,209,217)	RGB(240,145,146)	RGB(234,87,45)
RGB(238,123,96)	RGB(176,39,53)	RGB(214,56,74)	RGB(205,115,102)
RGB(214,85,107)	RGB(214,54,45)	RGB(230,27,100)	RGB(139,10,57)

在红色中加入少量的黄色，能够给人热闹、喜庆、促销的感觉，如图2-11所示。红色与黑色的搭配在电商UI设计中被誉为"商业成功色"，通常用于表现前卫、高端的商品的品质感，如图2-12所示。

红色与黄色搭配，能够使界面表现出喜庆、热闹的氛围，特别适合作为节日促销主题界面的配色

红色与黑色搭配，可以体现商品的品质感

图2-11　　　　　　　图2-12

粉色能够表现安慰、放松、清新、美感、安静、开心、甜蜜等情感，还能与热情、浪漫、爱情、单纯等情感相联系。粉色通常象征着爱情、美丽和女性气质，是一种充满活力且具有时尚气息的色彩，非常适合用于销售女性用品（如化妆品、服饰）的电商UI设计配色，如图2-13所示。

图2-13

2.2.2　橙色——活力、动感

橙色是一种欢快、活泼的色彩，是暖色系中最温暖的颜色，它使人联想到金色的秋天、丰硕的果实、跳动的火苗，是一种富足、欢乐而幸福的颜色。橙色具有明亮、华丽、健康、兴奋、温暖、欢乐、动人等色彩情感，通常会给人一种朝气与活泼的感觉，使人心情豁然开朗。

下面列举一些电商UI设计中常用的橙色。

RGB(237,108,0)	RGB(221,171,75)	RGB(235,97,42)	RGB(206,152,96)
RGB(202,97,68)	RGB(143,84,61)	RGB(230,183,41)	RGB(252,221,174)
RGB(241,141,0)	RGB(207,175,124)	RGB(249,194,112)	RGB(180,112,45)

RGB(240,170,0)	RGB(231,165,60)	RGB(201,115,54)	RGB(142,86,36)

提示

不同明度和纯度的橙色能够营造出不同的氛围，它既能表现青春活力的效果，又能够表现稳重的效果，所以橙色在电商UI设计中的应用非常广泛。

在东方文化中，橙色象征着爱情和幸福，充满活力的橙色会给人健康的感觉，并且橙色能够增强人们的食欲，如图2-14所示。在橙色中加入较多的白色，可以给人细嫩、温馨、温暖、轻巧的感觉。因此在家居和食品类电商UI中，经常使用橙色进行设计配色，如图2-15所示。

图2-14　　　　　　　　　　　　图2-15

2.2.3　黄色——希望、快乐

黄色的光感最强，可以给人光明、辉煌、轻快、纯净的印象。黄色会让人联想到酸酸的柠檬、明亮的向日葵、香甜的香蕉、淡雅的菊花，同时在心理上产生快乐、明朗、积极、年轻、活力、轻松、辉煌、警示的感受。

下面列举一些电商UI设计中常用的黄色。

RGB(255,241,0)	RGB(255,240,125)	RGB(235,205,54)	RGB(222,197,0)
RGB(242,208,111)	RGB(255,225,128)	RGB(235,214,121)	RGB(251,214,70)
RGB(255,237,63)	RGB(238,240,164)	RGB(238,199,0)	RGB(213,148,0)
RGB(210,167,27)	RGB(178,154,73)	RGB(152,112,16)	RGB(119,90,0)

明亮的黄色可以给人甜蜜、幸福的感觉，在很多艺术家的作品中，黄色都用于表现喜庆的气氛和富饶的景象，如图2-16所示。黄色可以表现明朗、愉快、乐观、年轻的氛围，可以起到强调突出的作用。在针对年轻人和儿童的电商UI设计中经常使用黄色进行配色，可以给人年轻、欢乐、积极向上的印象，如图2-17所示。

图2-16   图2-17

2.2.4 绿色——自然、清新

绿色是人们在自然界中看到最多的色彩，可以让人立刻联想到碧绿的树叶、新鲜的蔬菜、微酸的苹果、鲜嫩的小草、高贵的绿宝石等，同时在心理上产生健康、新鲜、舒适、天然的感觉，象征青春、和平、安全。

纯净的绿色明度不高，刺激性不强，在生理和心理上的感受都极为温和，给人以宁静、安逸、安全、可靠、信任的印象，使人精神放松、不易疲劳。

下面列举一些电商UI设计中常用的绿色。

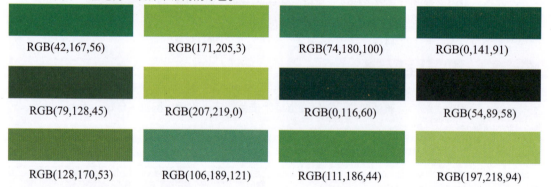

RGB(42,167,56)	RGB(171,205,3)	RGB(74,180,100)	RGB(0,141,91)
RGB(79,128,45)	RGB(207,219,0)	RGB(0,116,60)	RGB(54,89,58)
RGB(128,170,53)	RGB(106,189,121)	RGB(111,186,44)	RGB(197,218,94)

图2-18所示为某生鲜类电商App的UI设计，使用绿色作为界面的主色调，从而表现生鲜商品绿色、健康、纯天然的品质。点缀橙色，使界面更富有活力。

图2-18

绿色适用的范围非常广泛，需要表现自然、健康等理念的电商UI都可以使用绿色进行配色，如化妆品、食品、保健品等，如图2-19所示。

图2-19

2.2.5　青色——清新、凉爽

青色是绿色健康感觉和蓝色清新感觉的结合体，但在自然界中并不多见，会给人较强的人工制作的感觉。这使它在保留自然颜色原有特点的同时，又具备了特殊的效果。青色通常会给人带来凉爽清新的感觉，使人原本兴奋的心情冷静下来。色彩和心理学家分析说，青色可以给一个心情低迷的人一种特殊的信心与活力。

下面列举一些电商UI设计中常用的青色。

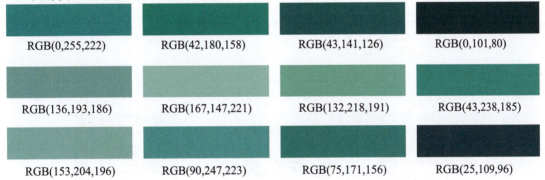

RGB(0,255,222)　　　RGB(42,180,158)　　　RGB(43,141,126)　　　RGB(0,101,80)

RGB(136,193,186)　　　RGB(167,147,221)　　　RGB(132,218,191)　　　RGB(43,238,185)

RGB(153,204,196)　　　RGB(90,247,223)　　　RGB(75,171,156)　　　RGB(25,109,96)

青色可以作为以绿色或蓝色为主色调的电商UI的过渡颜色，可以对比较鲜亮的颜色起中和作用。青色与黄色、橙色等颜色搭配可以营造出可爱、亲切的氛围，如图2-20所示。青色与蓝色、白色等颜色搭配可以得到清新、爽朗的效果，如图2-21所示。青色与黑色、灰色等颜色搭配可以突出艺术的气息。

该儿童食品电商UI使用青色作为界面主色调，与绿色搭配，体现出商品自然、健康的品质，搭配高饱和度的黄色，使界面的视觉效果更加活跃，营造出可爱的氛围

图2-20

图2-21

该化妆品电商UI使用高明度的青色作为界面的主色调，搭配不同明度和饱和度的青色，使界面表现出清新、自然的视觉效果，符合化妆品纯天然品质的定位。在界面中加入白色，使界面的表现更加纯净、清爽

2.2.6　蓝色——冷静、理智

　　蓝色会使人很自然地联想到大海和天空，所以会使人产生爽朗、开阔、清凉的感觉。作为冷色系代表颜色，蓝色给人很强烈的安稳感，还能够使人产生和平、淡雅、洁净、可靠等感觉。目前很多科技、电子类商品的电商UI使用蓝色与青色进行搭配。

　　下面列举一些电商UI设计中常用的蓝色。

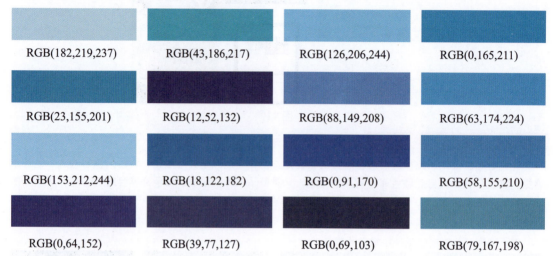

RGB(182,219,237)	RGB(43,186,217)	RGB(126,206,244)	RGB(0,165,211)
RGB(23,155,201)	RGB(12,52,132)	RGB(88,149,208)	RGB(63,174,224)
RGB(153,212,244)	RGB(18,122,182)	RGB(0,91,170)	RGB(58,155,210)
RGB(0,64,152)	RGB(39,77,127)	RGB(0,69,103)	RGB(79,167,198)

　　高饱和度的蓝色会给人一种整洁、轻快的印象，低饱和度的蓝色会给人一种都市化的现代印象。低饱和度的蓝色主要用于营造安稳、可靠的氛围，高饱和度的蓝色主要用于营造高贵、严肃的氛围。

　　蓝色与绿色、白色的搭配象征蓝天、绿树、白云，给人纯天然的感受，如图2-22所示。选择明亮的蓝色作为主色调，配以白色的背景和灰亮的辅助色，可以使界面干净、整洁，给人庄重、充实的印象。蓝色、青色、白色的搭配可以使界面看起来干净、清爽，也是电商UI设计中常用的配色，如图2-23所示。

图2-22　　　　　　　　　　　　　　　图2-23

2.2.7　紫色——高贵、浪漫

　　紫色是人们在自然界中较少见到的色彩，能让人联想到优雅的紫罗兰、芬芳的薰衣草等，可以营造高贵、雅致、神秘与阴沉等氛围。

下面列举一些电商UI设计中常用的紫色。

RGB(127,16,132) | RGB(166,74,151) | RGB(165,0,130) | RGB(196,134,184)

RGB(170,111,172) | RGB(110,49,142) | RGB(112,45,102) | RGB(212,200,225)

RGB(165,119,152) | RGB(126,49,142) | RGB(206,171,191) | RGB(195,153,197)

RGB(84,54,130) | RGB(124,115,180) | RGB(187,126,167) | RGB(171,58,140)

　　紫色是缓和情绪的颜色，还能够营造高雅、浪漫的氛围，是一种女性化的色彩，通常用于销售女性用品（如化妆品）的电商UI设计配色。在黑色的衬托下，紫色能够表现出更大的魅力，如图2-24所示。

　　紫色与洋红色都是非常女性化的颜色，给人的感觉都是浪漫、柔和、华丽、高贵和优雅。洋红色是女性化的代表颜色，高纯度的洋红色可以营造华丽的氛围，而低纯度的洋红色可以表现出高雅的气质，如图2-25所示。

图2-24

图2-25

提示　　在紫色中加入少量的白色，就会成为一种十分优美、柔和的色彩。随着白色的不断增加，可以产生不同层次的淡紫色，从而消除紫色的沉闷感，变得优雅、高贵，并且充满女性魅力。

2.2.8　白色——纯净、干净

　　在电商UI设计中，白色具有高级、科技的意象，通常需要和其他色彩搭配使用。纯白色给人寒冷、严峻的感觉，但白色还具有洁白、明快、纯真、清洁与和平的情感体验。

　　白色是电商UI设计中最常使用的背景颜色，可以使界面的表现更加纯净、高雅，纯粹的白色背景对电商UI中内容的干扰最小。图2-26所示为高档手表电商App的UI设计，使用无彩色进行搭配，白色的界面背景、各商品图片的浅灰色背景及深灰色的购买按钮使界面清晰、简洁，色调表现统一，商品图片和信息清晰、直观。

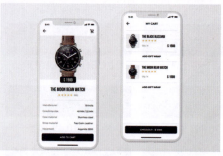

图2-26

图2-27所示为某女装品牌电商UI设计，使用白色和浅灰色作为界面背景颜色，使界面纯净、高雅。界面中几乎没有任何装饰元素，有效地突出了商品和相关选项。在商品列表页面中，商品分类选项使用尺寸较大的浅灰色矩形背景，并且当前选择的分类选项使用深灰色矩形突出表现，给用户非常清晰的视觉感受。

图2-27

2.2.9　灰色——简洁、保守

灰色具有柔和、高雅的色彩意象，不同配色可以给人不同感受，可以很动人，也可以很平静。灰色是一种中性色彩，象征知性、虚无等，使人联想到工厂、都市、冬天等。在电商UI设计中，许多高科技商品，尤其是和金属材料有关的商品，几乎都采用灰色来塑造高级、科技的形象。由于灰色过于朴素和沉闷，在使用灰色时，通常会利用不同的层次变化组合或搭配其他色彩，使其不会有呆板、僵硬的感觉。

图2-28所示为某电子商品的电商UI设计，使用灰色作为界面的主色调，通过明度的变化使背景富有变化效果，界面表现更具有层次感，并且与商品本身的色彩相呼应，在界面中为重点功能按钮搭配高饱和度的红色，与灰色界面形成强烈的对比，视觉效果非常突出。

图2-29所示为手表商品的电商UI设计，使用不同明度的灰色进行搭配，将浅灰色作为界面的背景主色调，商品图片使用更浅的灰色进行突出表现，与背景形成层次感，界面中的文字和购买按钮使用深灰色，整体色调统一，给人一种高档、雅致的印象。

图2-28　　　　　　　　　　　　　　　图2-29

2.2.10 黑色——优雅、神秘

在电商UI设计中，黑色具有高贵、稳重、科技的色彩意象，科技商品（如电视、跑车、摄影机、音响、仪器）的色彩通常采用黑色。图2-30所示为使用黑色作为主色调的汽车和手表的电商UI设计。

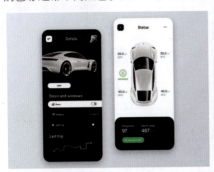

图2-30

黑色还具有高贵、庄严的色彩意象，生活用品和服饰通常使用黑色塑造高贵的形象，许多奢侈品电商使用黑色作为主色调，如图2-31所示。黑色也是一种永远流行的主要色彩，适合与大部分色彩搭配使用。

通过黑色与白色的强烈对比，表现出该时尚女装品牌强烈的时尚感与高贵感

同样是时尚女装品牌电商网站，使用黑色和深灰色作为界面的主色调，给人一种幽暗、神秘的感觉，搭配浅紫色的主题文字，体现出女性的魅力，整体视觉效果个性、时尚

图2-31

黑色本身是无光、无色的。在将黑色作为背景色时，能够很好地衬托其他颜色，尤其在与白色对比时，白底黑字或黑底白色的可视度最高。

2.3 电商UI设计配色的基本方法

好的配色是自然的、和谐的，能够给人带来愉悦的视觉感受。配色讲究的是使用合适的颜色构建整个视觉体系，出色的配色方案能够很好地提升电商UI的用户体验。

电商UI设计的整体配色应该能够给人统一、协调的感觉，统一是指只有一种主色，在此基础上搭配一些辅助色和点缀色，即"整体协调，局部对比"原则。在电商UI设计的配色过程中，我们可以遵循6：3：1的基础配色原则，即主色占60%，辅助色占30%，点缀色占10%，如图2-32所示。

图2-32

2.3.1 同类色搭配

同类色是指色相相同，但饱和度有深浅之分的颜色。在12色相环中，在30°夹角范围内的色彩可以称为同类色，如图2-33所示。

使用同类色进行色彩搭配，并不表示颜色毫无变化，可以通过调整色彩的明度和饱和度，使单一的色彩深浅有别。同类色配色可以给人简洁、高雅、干练的印象。

图2-34所示为一款服饰类电商App的UI设计，主要针对的用户群体为年轻女性，所以在该App的UI中使用高明度的粉色作为主色调，并且搭配同类色，用于表现年轻女性的甜美与可爱，搭配纯白色的背景，使界面的表现柔和、明亮、温馨。

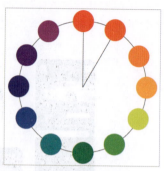

图2-33

图2-35所示为手表电商网站的UI设计，使用低明度的深灰蓝色作为界面的主色调，并且使用不同饱和度的灰蓝色使背景表现出斑驳的纹理感，在界面中搭配金黄色的金属手表，有效突出商品的视觉效果，并且给人一种理性与成熟的印象。

图2-34

图2-35

2.3.2 类似色搭配

类似色往往是"你中有我，我中有你"。以红橙色与黄橙色为例，红橙色以红色为主，里面带有少量的黄色；而黄橙色以黄色为主，里面带有少量的红色。在12色相环中相距60°范围内的色彩，因为色相相近，统称为类似色，如图2-36所示。

采用类似色相的配色，可以使界面表现更加和谐。

图2-37所示为一款耳机电商网站的UI设计，使用蓝色到青色的渐变色作为界面的背景主色调，蓝色和青色属于类似色，并且该耳机的外部也是蓝色，使界面表现统一、和谐，耳机的内部采用红色配色，与蓝色形成对比，有效突出该商品在界面中的表现效果。

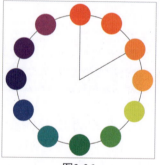

图2-36

图2-38所示为服饰类电商App的UI设计，使用高饱和度的橙色作为界面的主色调，给人一种活力、热情的印象，在界面中搭配类似色红色，用于区分不同的功能按钮，这种类似色的搭配使界面表现统一、和谐。

图2-37

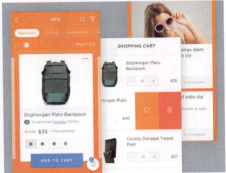

图2-38

2.3.3 邻近色搭配

邻近色是指12色相环中相距90°范围内的色彩，如图2-39所示。这样的色彩搭配具有一定程度的色相差异，给人协调而生动的感觉。

使用邻近色进行色彩搭配，可以使电商UI的整体效果表现明快、活泼、饱满、令人兴奋，又不失和谐。

图2-40所示为一个时尚运动品牌服饰电商网站的UI设计，使用高饱和度的红色到黄色的渐变色作为界面的背景色，这种邻近色的搭配使界面表现出活泼、饱满、富有活力的情感，在渐变背景色的上方叠加白色色块来突出界面中的商品信息，使界面的视觉层次更加清晰。

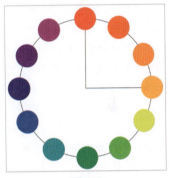

图2-39

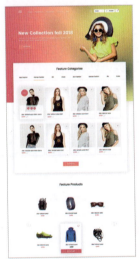
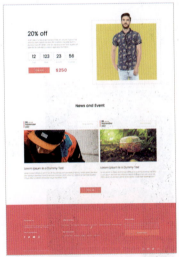

图2-40

图2-41所示为一个餐饮美食电商App的UI设计，使用白色作为界面的背景色，分别使用洋红色、橙色的背景色表现界面中不同的美食商品，使界面给人一种热情、开放的印象，并且能够有效地划分不同的内容区域。因为洋红色与橙色属于邻近色，所以界面整体表现和谐。

图2-42所示为一个女性服饰电商App的UI设计，使用低明度的深紫色作为界面主色调，体现出女性的优雅与魅力，使用白色背景突出商品图片和信息，使用高饱和度的洋红色表现界面中的重要功能图标和按钮，使界面的表现效果更加年轻、活跃，并且突出重点功能图标和按钮。

图2-41

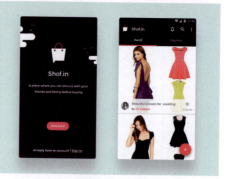
图2-42

2.3.4　互补色搭配

　　互补色是指12色相环中位置完全相对的色彩，如红色与绿色、橙色与蓝色、黄色与紫色等，如图2-43所示。

　　使用互补色搭配的电商UI能够表现出一种力量、气势与活力，具有非常强烈的视觉冲击力。高纯度的互补色搭配，能够表现充满刺激性的艳丽视觉效果，但是也容易给人廉价、劣质的印象，可以通过色彩面积、色调的调整进行中和搭配。

　　图2-44所示为化妆品节日促销UI设计，使用高饱和度的绿色作为界面的背景主色调，体现出化妆品的纯天然与绿色品质，在界面中搭配红色的灯笼、春联等富有传统节日氛围的素材，渲染节日氛围，红色与绿色的互补色搭配具有很强的视觉冲击力，突出界面的视觉效果。

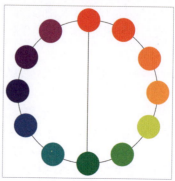
图2-43

　　图2-45所示为鞋类电商网站的UI设计，多处使用蓝色与橙色的互补色搭配，从而突出商品的表现效果，但是界面中使用的蓝色和橙色都属于高明度中饱和度的色彩，所以这种搭配给人的视觉刺激感不会太强烈，并且高明度色彩与白色背景相搭配，使界面的视觉效果更加清新、自然。

高饱和度的互补色搭配给人很强的视觉冲击

图2-44

低饱和度的互补色搭配，视觉刺激感不会太强烈，给人柔和、舒适的感觉

图2-45

2.3.5 对比色搭配

在12色相环中，一种色相与其互补色左侧或右侧的色相构成对比色关系，如红橙色与蓝色或青色构成对比色关系，如图2-46所示。对比色搭配比互补色搭配的排斥感要弱一些，显得较为和谐。

在电商UI设计中，可以使用对比色搭配来突出界面中的重要信息。采用对比色搭配的UI具有醒目、刺激、有力的视觉效果，但也容易造成视觉疲劳，一般需要采用多种调和手段来改善对比效果。

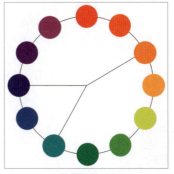

图2-46

图2-47所示为一款化妆品电商App的UI设计，使用明亮的黄色作为界面的主色调，与商品包装的色彩相呼应，使界面给人一种阳光、活力的印象。在界面中搭配黄色的对比色蓝色，使得界面的表现效果非常醒目、强烈，给人一种欢乐、夏日的感觉。

图2-48所示为家具电商网站的UI设计，使用灰蓝色与洋红色作为界面的背景色，灰蓝色与洋红色本身就具有强烈的对比效果，而家具商品是高饱和度的橙色，与背景的灰蓝色形成互补色搭配，视觉效果非常醒目。

图2-47

图2-48

2.4 对比配色使电商UI的视觉表现更突出

应用对比原理进行电商UI色彩搭配是一种非常重要的配色方法，通过对比配色能够对浏览者的视觉产生刺激，从而有效地突出界面中的主题。色彩的对比包括色相对比、明度对比、纯度对比、面积对比、冷暖对比等，是强调色彩效果的重要手段。

2.4.1 色相对比配色

色相对比是指将不同色相的色彩组合在一起，从而产生强烈、鲜明对比效果的一种手法。不同色相在色相环中位置距离越远，产生的对比效果越强烈。

在进行色相对比配色时，明度越接近，对比效果越强烈。此外，运用高饱和度的色彩进行配色，对比效果也会更强烈。

图2-49所示为一个旅行服务预定电商App的UI设计，使用白色作为界面的背景色，使用紫色作为界面的主题色，可以营造浪漫、雅致的视觉效果，使用高饱和度的黄色作为点缀色，与高饱和度的紫色进行

搭配，形成色相的强烈对比，从而有效突出界面中的相关信息，同时使界面表现更加明朗，使人感受到美好。

图2-50所示为一个餐饮类电商App的UI设计，使用高饱和度的红色作为主题色，给人一种热情、丰富的印象，与纯白色的背景色相搭配，在界面中很好地划分了不同的内容区域，红色背景部分为标题栏，白色背景部分为主题内容区域。在用户选择相应的食物后，会在界面底部使用高饱和度绿色背景突出显示价格等相关信息，整个界面的色彩表现效果鲜明、强烈。

图2-49 　　　　　　　　　　　　　　　　图2-50

图2-51所示为运动鞋电商网站的UI设计，使用高饱和度的红橙色与蓝色作为界面背景色，形成强烈的色相对比，从而突出表现运动鞋商品，文字主要采用白色和灰色，使文字在背景色的衬托下更加鲜明，高饱和度色相对比配色给人很强的视觉冲击。

图2-52所示为一个时尚女装电商网站的UI设计，使用纯白色作为界面背景色，使界面中的商品信息清晰、易读，为了不使界面过于平淡，界面顶部的大幅商品宣传广告使用高饱和度的蓝色与黄色相搭配，形成强烈的视觉对比，从而使界面更加时尚。

图2-51 　　　　　　　　　　　　　　　　图2-52

2.4.2　饱和度对比配色

突出UI主题的方法有两种，一种是直接增强主题的配色，保持主题的绝对优势，如提高主题配色的饱和度、增大界面的明度差、增强色相，如图2-53所示；另一种是间接强调主题，在主题配色较弱的情况下，通过添加衬托色或削弱辅助色来突出主题。

明度和饱和度相近的3种颜色相搭配，整体色调协调、统一，但主题颜色不够明确，表达含糊 → 提高主题的色调饱和度，使主题在界面中凸显出来，很容易抓住浏览者的注意力

图2-53

在进行电商UI设计配色时，为了突出界面中的商品和重点内容，可以提高主题区域的色彩饱和度，使其与界面背景和其他内容区域形成对比，从而实现突出主题的效果。

图2-54所示为时尚女装电商网站的UI设计，使用高明度低饱和度的浅蓝色与浅粉色作为界面背景色，虽然这两种色彩形成色相对比，但由于明度比较高而饱和度比较低，因此整体对比效果并不是十分强烈，反而给人一种轻柔、明亮的印象。界面右下角的"ADD TO BAG"图标使用高饱和度的红色进行表现，与界面背景色形成强烈的饱和度对比，使该图标在界面中的表现效果十分突出，从而吸引用户点击购买。

图2-55所示为电子数码商品电商网站的UI设计，蓝色是富有科技感的色彩，使用蓝色作为电子数码商品电商网站的主题色最合适不过了，该电商网站使用蓝色作为界面背景色，并且使用不同明度和饱和度的蓝色垂直划分背景区域，使界面背景产生很强的色彩层次感，将商品图片放置在色彩对比的中间位置，突出商品的表现效果。

图2-54   图2-55

不同的商品UI所需表达的主题不同，如果都通过提高色彩饱和度来控制主题色彩，那么可能造成界面饱和度相同或相似的情况，导致用户分不清主题。因此在确定UI主题配色时，应充分考虑与周围色彩的对比情况，通过对比色有效突出主题。

图2-56所示为电影票在线预订App的UI设计，使用明度和饱和度都较低的灰蓝色作为界面背景色，可以给人一种稳定、可靠的印象，而界面中的重要功能按钮都使用高饱和度的红色进行搭配，与背景的灰蓝色不仅形成色相对比，而且形成饱和度对比，从而有效突出重要功能按钮的视觉效果。

图2-57所示为餐饮美食App的UI设计，使用低明度、低饱和度的深蓝色作为界面背景色，与美食商品图片形成强烈的对比，从而有效地衬托出美食商品的鲜艳色彩，使界面中的美食商品更突出。除此之外，界面中的重要功能按钮都采用高饱和度的蓝色和黄色进行点缀，为界面增添活力。

图2-56

图2-57

2.4.3 明度对比配色

在所有的颜色中，白色的明度最高，黑色的明度最低。即使是同样的纯色，不同的色相也具有不同的明度。例如，黄色的明度接近白色，而紫色的明度接近黑色。通过增加色彩明度差，可以使UI效果更加明确、主次更加分明、视觉冲击力更强、更加生动。

黑色是明度最低的色彩，白色是明度最高的色彩，使用黑色与白色进行搭配，明度对比最强烈。图2-58所示为数码商品电商网站的UI设计，使用黑色与白色作为界面背景色，用于划分界面中不同的内容区域，可以使界面中的内容更清晰，为了避免界面的视觉效果过于单调，在界面局部加入高饱和度的红色背景，使界面整体给人清晰、时尚、大方的印象。

图2-59所示为化妆品电商网站的UI设计，使用不同明度和饱和度的红色进行搭配，背景使用高明度、低饱和度的粉色，给人一种柔和的感觉，界面中的重要信息和商品背景使用低明度的深红色，界面整体色调统一，局部形成色彩明度对比。

图2-58

图2-59

在电商UI设计过程中，可以通过无彩色和有彩色的明度对比来凸显主题。例如，如果UI背景的色彩比较丰富，主题内容是无彩色系的白色，那么可以通过降低界面背景的明度来凸显主题色；相反，如果提高背景的色彩明度，相应地就要降低主题色的明度，那么可以通过增强明度差异来凸显主题内容。

图2-60所示为一个时尚女鞋电商App的UI设计，使用低明度的深灰蓝色作为界面背景色，给人一种稳重而富有现代感的印象，而界面中的商品图片都使用白色背景，与界面背景形成强烈的明度对比，从而有效突出商品的表现效果。

图2-61所示为一个在线预订咖啡饮品的App的UI设计，使用低明度、低饱和度的深咖啡色作为界面背景色，非常契合咖啡饮品的特点，界面中的标题文字和功能按钮都搭配高明度的黄色，与背景的深咖啡色形成明度对比，界面整体色调和谐、统一，界面中的重要信息和功能按钮表现突出。

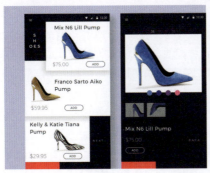 

图2-60 图2-61

2.4.4 冷暖对比配色

利用冷暖差别形成的色彩对比称为冷暖对比。如图2-62所示，在12色相环中，将红色、橙色、黄色称为暖色，将橙色称为暖极；将绿色、青色、蓝色称为冷色，将蓝色称为冷极。在12色相环中，利用相对应和相邻近的坐标轴可以清楚地区分冷暖两组色彩，即红色、橙色、黄色为暖色，蓝紫色、蓝色、蓝绿色为冷色；还可以看到红紫色、黄绿色为中性微暖色，紫色、绿色为中性微冷色。

色彩冷暖对比的程度分为强对比和极强对比，强对比是指暖极对应的颜色与冷色区域的颜色对比，以及冷极对应的颜色与暖色区域的颜色对比，极强对比是指暖极与冷极的对比。

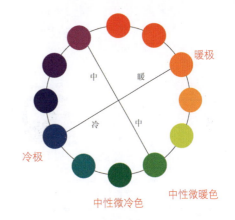

图2-62

暖色与中性微冷色、冷色与中性微暖色的对比程度比较适中，暖色与暖极色、冷色与冷极色的对比程度较弱。

图2-63所示为音响商品促销UI设计，使用高饱和度的红色与蓝色进行搭配，红色属于暖色，蓝色属于冷色，高饱和度的红色与蓝色在界面中形成非常强烈的视觉对比，引起用户的关注。

图2-64所示为时尚服饰电商网站的UI设计，在界面背景中使用高饱和度的黄色和青蓝色进行搭配，黄色给人一种年轻、时尚、富有活力的印象，而青蓝色给人一种清爽、舒适、自然的印象，冷暖色的对比搭配使界面的视觉效果更加时尚、年轻，能够突出表现夏日气息。

图2-63 图2-64

2.4.5　有彩色与无彩色对比配色

使用有彩色和无彩色进行配色的方法可以实现不同的效果，无彩色主要是由白色、黑色及它们的过渡色灰色构成的。由于色彩印象的特殊性，在与有彩色搭配使用时，无彩色可以很好地突出有彩色的效果。搭配高明度的有彩色和白色、亮灰色，可以呈现明亮、轻快的效果。搭配低明度的有彩色及暗灰色，可以呈现黑暗、沉重的效果。

在电商UI设计中，界面的背景主色调通常使用无彩色，界面中重要的信息及商品图片通常使用有彩色，从而形成无彩色与有彩色的对比，突出界面中重要信息和商品的表现效果。

图2-65所示为耳机商品电商网站的UI设计，使用纯白色作为界面背景色，搭配黑色的文字和黑色的耳机商品，黑色商品与白色背景形成强烈的明度对比，表现效果清晰，但是无彩色的搭配会使界面表现沉闷。为耳机商品图片添加高饱和度的圆形黄色背景，既能够突出商品，又能够使界面更加活跃。

图2-66所示为移动端服饰电商App的UI设计，使用纯白色作为界面背景色，可以有效突出界面中商品图片及相关文字信息的表现，为功能按钮应用高饱和度的红色，突出其在界面中的表现效果，从而起到很好的引导和强调作用。

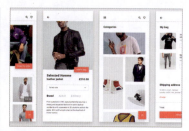

图2-65　　　　　　　　　　　　　　　　图2-66

2.5　根据目标群体选择电商UI配色

打开电商平台，我们最先感受到的并不是平台上所展示和销售的商品，而是界面中的色彩搭配所呈现出来的一种感受，各种色彩争先恐后地沿着视网膜印在我们的脑海中，色彩在无意识中影响着我们的购物体验。

2.5.1　不同性别的色彩偏好

设计者如果想在电商UI设计中通过色彩恰当地传递情感，就要从多个方面考虑色彩的实用性。在进行电商UI设计之前，必须确定目标群体，根据其特性找出目标群体对色彩的喜好及可运用的素材，这对电商UI设计来说是十分有帮助的。

表2-1所示为不同性别喜欢的色相和色调。

表2-1

男性	喜欢的色相	蓝色 深蓝色 绿色 黑色	
	喜欢的色调	暗色调 深色调 钝色调	

续表

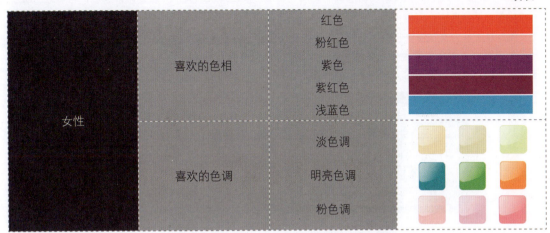

女性	喜欢的色相	红色	
		粉红色	
		紫色	
		紫红色	
		浅蓝色	
	喜欢的色调	淡色调	
		明亮色调	
		粉色调	

　　图2-67所示为男性手表电商网站的UI设计，将低饱和度的浊色调和接近黑色的深灰色进行搭配，使界面表现出男性的坚韧与阳刚，正好契合该男性手表商品需要体现的品质，界面整体给人一种成熟、稳重的印象。

　　图2-68所示为男性运动鞋电商App的UI设计，使用深灰蓝色作为界面的背景颜色，给人一种沉稳而有力的感觉，在界面中使用白色背景作为运动鞋商品的背景色，从而使运动鞋商品在深灰蓝色背景中凸显出来，并且增加了界面的色彩层次感。界面中的功能按钮采用高饱和度的红色，在界面中的视觉效果非常突出，红色的加入也使界面的表现更加富有运动的激情。

图2-67　　　　　　　　　　　　　　　　　　　　图2-68

　　图2-69所示为男士皮鞋电商网站的UI设计，使用相同的布局方式介绍不同系列的商品，配色主要使用深暗的浊色调与深灰色背景进行搭配，使界面给人一种低调、稳重、成熟的男性印象，功能操作商品图片也都采用无彩色的灰色背景，体现出商品的高档感。为了打破界面的沉闷感，界面中的购买按钮采用高饱和度的黄橙色，可以有效活跃界面整体氛围，并且使功能按钮表现更加突出，从而引导用户点击购买。

图2-69

图2-70所示为美容护肤商品电商网站的UI设计，使用高饱和度的青色作为界面背景色，与邻近色蓝色进行搭配，使界面给人一种清爽、自然的印象，这也是该美容护肤商品需要表现的品质。

图2-71所示为女性服饰电商App的UI设计，使用白色作为界面背景色，使界面中的商品图片和信息内容更加清晰，主题色为紫色，主要应用于界面的顶部标题栏，可以体现出女性的优雅与魅力，购买按钮使用绿色进行搭配，整体给人一种清新、舒适的印象。

图2-70　　　　　　　　　　　　　　　　图2-71

图2-72所示为化妆品电商网站的UI设计，化妆品的主要目标群体为女性，所以该电商网站使用洋红色作为界面主色调，使用高明度的粉红色作为界面背景色，在界面中搭配洋红色的推荐商品广告及重点功能按钮，使界面表现出女性的柔软与魅力。

图2-72

2.5.2　不同年龄层次的色彩偏好

不同年龄层次的人对色彩的喜好有所不同。例如，老人通常偏爱灰色、棕色，儿童通常喜爱红色、黄色。

表2-2所示为不同年龄层次的人喜欢的颜色。

表2-2

年龄层次	年龄	喜欢的颜色	
儿童	0～12岁	红色、橙色、黄色等偏暖色系的纯色	
青少年	13～20岁	以纯色为主，也会喜欢其他亮色系或淡色系色彩	

续表

年龄层次	年龄	喜欢的颜色		
青年	21～40岁	红、蓝、绿等鲜艳的纯色		
中老年	41岁以上	稳重、严肃的暗色系、暗灰色系、灰色系、冷色系色彩		

　　婴幼儿商品的电商UI通常使用高明度的色彩进行配色设计,从而给人柔和、舒适的印象。图2-73所示为婴幼儿商品电商网站的UI设计,使用高明度的蓝色和粉红色作为界面背景主色调,使界面给人明亮、洁净、清爽、柔和的印象,搭配高饱和度的青绿色、洋红色和黄色,使界面的视觉效果丰富,从而体现出婴幼儿的可爱与天真。

　　儿童都喜欢饱和度较高的鲜艳色彩,所以儿童商品的电商UI通常使用高饱和度的色彩进行配色设计,从而体现出儿童天真、活泼的个性。图2-74所示为儿童商品电商网站的UI设计,使用天蓝色作为界面背景色,给人清爽、自然的印象,在界面中点缀高饱和度的黄色、绿色等素材,使界面的视觉效果更丰富、活泼,并且界面采用卡通的设计风格,不规则边框、卡通手绘素材等都能够体现出儿童活泼、可爱的个性。

图2-73

图2-74

　　图2-75所示为服饰电商网站的UI设计,该电商网站针对的目标群体主要是时尚青年人群,使用浅灰色作为界面背景色,可以有效突出界面中商品图片的表现效果,在界面局部搭配高饱和度的黄色和蓝色的图形色块,使界面的视觉效果更加时尚。

　　图2-76所示为保健食品电商网站的UI设计,主要针对的目标群体为中老年人群,使用深棕色与褐色作为界面主色调,可以给人稳重、厚重、踏实的印象,界面中多处运用富有中国传统文化特色的元素,能够引起中老年人对传统文化的情感渴求。

图2-75　　　　　　　　图2-76

色彩的运用不是限定死的，并不是说购买按钮一定要使用红色或橙色，具体的色彩风格需要认真地了解设计需求，确定电商平台的定位与情感印象，如稳重、可信赖、活泼、简洁、科技感等，在确定了电商平台的定位与情感印象后，再选择合适的色彩进行配色设计。

2.6 根据商品销售阶段选择电商UI配色

色彩是商品重要的外部特征，它为商品创造的高附加值的竞争力是惊人的。在商品同质化趋势日益加剧的今天，要如何让你的品牌第一时间"跳"出来，快速锁定消费者的目光？

2.6.1 商品上市期的电商UI配色

新的商品刚刚推入市场，还没有被大多数消费者认识，消费者对新商品需要有一个接受的过程，如何强化消费者对新商品的接受度呢？为了加强宣传效果，增强消费者对新商品的记忆，在设计新商品宣传网站页面时，尽量以色彩艳丽的单一色系色调为主，以不模糊商品诉求为重点。

图2-77所示为耳机商品电商网站的UI设计，使用深灰蓝色作为界面的背景主色调，搭配黑色的耳机商品图片，使用高饱和度的橙色，从而突出耳机商品；此外，耳机商品图片较大，可以给人很强的视觉冲击力，从而有效加深浏览者对该耳机商品的印象。

图2-78所示为家居商品电商App的UI设计，使用无彩色进行配色，纯白色的界面背景使商品图片和商品信息非常清晰，将界面底部的标签栏设置为深灰色，从而有效地划分界面功能区域；为重要功能图标点缀高饱和度的蓝色，在高档、大气的整体氛围中加入一些理性的感觉。

图2-77　　　　　　　　　　　图2-78

图2-79所示为新上市的果汁电商网站的UI设计，通过广告画册的设计表现手法，将果汁商品与果树相结合，表现出商品的自然与原汁原味。在配色上使用高饱和度的黄色作为主色调，与该果汁商品的包装色彩相呼应，给人一种欢乐、活跃的印象，在界面中使用绿色进行搭配，从而很好地表现出该果汁商品新鲜与健康的品质。

图2-79

2.6.2 商品拓展期的电商UI配色

经过前期对商品的大力宣传，消费者已经对商品逐渐熟悉，商品也拥有了一定的消费群体。在这个阶段，不同品牌同质化的商品也开始慢慢增多，无法避免地产生竞争，要在同质化的商品中脱颖而出，必须使用比较鲜明、鲜艳的色彩作为设计重点，使其与同质化的商品产生差异。

图2-80所示为某品牌女装电商的UI设计，为了与其他女装品牌区别，在该电商网站界面中使用高饱和度的红色与蓝色相搭配，形成强烈的色彩冷暖对比，为了避免界面配色对比过于强烈，在界面中加入无彩色进行调和，使界面表现出时尚与个性的风格。

图2-80

图2-81所示为某品牌耳机电商网站的UI设计，界面设计非常简洁，使用纯白色与高饱和度的黄色垂直划分界面背景，使界面背景形成强烈的无彩色与有彩色的对比，高饱和度的黄色能够给人欢乐、年轻的印象，强对比的配色能够给人强烈的视觉冲击力。

图2-82所示为时尚女性服饰电商App的UI设计，使用纯白色作为界面的背景颜色，使界面中的商品图片和商品信息清晰、易读，界面中的商品图片分别使用不同色相的高饱和度背景色，并且商品图片中的模特都是非常夸张的造型，从而契合该服饰品牌夸张、个性的特点，给消费者留下深刻印象。

图2-81

图2-82

2.6.3 商品稳定销售期的电商UI配色

经过不断的进步和发展，商品在市场中已经占有一定的市场地位，消费者对该商品已经非常了解，并且该商品拥有一定数量的忠实消费者。这个阶段，维护现有顾客对该商品的信赖就会变得非常重要，此时在电商UI设计中所使用的色彩，必须与商品理念相吻合，从而使消费者更了解商品理念，并且感到安心。

图2-83所示为儿童洗衣液电商网站的UI设计，使用与该品牌标志颜色统一的高饱和度蓝色作为界面主色调，搭配高明度的浅蓝色，给人天然、清爽、洁净的印象，这也正好与该商品一贯的品牌形象相统一。

图2-84所示为火锅调料电商促销网站的UI设计，以卡通插画的形式表现整个商品促销界面，在界面中设计了一棵番茄树，番茄树上不仅有成熟的红色西红柿还有该品牌的各种商品，从而使界面形成一个整体，蓝天、白云和绿色蔬菜形成一幅自然景象，体现出该商品自然、健康的品质。

图2-83

图2-84

图2-85所示为面包甜品电商网站的UI设计，使用高饱和度的黄色与橙色进行搭配，充分表现出面包甜品带给人们的美味与诱惑，并且给人带来愉悦、欢乐的心情。

图2-86所示为奢侈品电商App的UI设计，使用无彩色系的浅灰色和白色作为界面背景色，而该品牌的服饰商品大部分为黑色和深色系配色，使界面给人一种高档、正式感，为界面中的购买按钮搭配高饱和度的红色，突出其在界面中的视觉效果，吸引用户进行购买操作。

图2-85

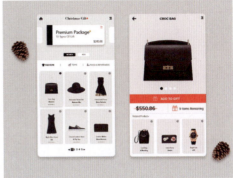
图2-86

2.6.4 商品衰退期的电商UI配色

市场是残酷的，大部分商品都会经历一个从兴盛到衰退的过程，随着其他商品的更新，更流行的商品出现，消费者对该商品不再有新鲜感，销售量会出现下滑，此时商品就进入了衰退期。

图2-87所示为比萨美食电商网站的UI设计，一改以往使用橙色调为主的配色，使用深灰蓝色作为界面背景主色调，从而使界面中的比萨美食表现得更加诱人，更好地唤起人们对该美食的食欲。

图2-88所示为某品牌耳机电商网站的UI设计，采用近几年比较流行的极简设计风格，界面采用与耳机商品相同的配色，使用深灰色与白色在界面中划分出不同的区域，界面内容简洁、清晰，在局部点缀红色，突出表现购买按钮，并且与商品配色相呼应。

图2-87

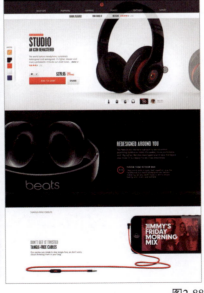
图2-88

2.7 本章小结

　　在电商UI设计中，配色占据极其重要的地位，对色彩的研究和运用是电商UI设计中的重要元素，也是电商UI设计中的重要基础课程，良好的电商UI配色能够有效提升界面的视觉效果，从而吸引更多潜在消费者的目光。通过对本章内容的学习，读者能够理解色彩的相关基础知识，掌握电商UI设计配色的方法和技巧，并且在电商UI设计过程中灵活运用。

第3章　电商UI设计中的基础元素

电商UI中包含的元素较多，这些元素是通过一系列的风格、尺寸和形状等属性体现出来的，这些元素在电商UI的视觉风格设计中有各自不同的用途，如果设计师使用恰当且设计新颖，那么每种元素都能够以它们独特的展现方式使UI风格焕然一新。本章主要向读者介绍电商UI设计中基础元素的设计方法与技巧，这些基础元素包括店标、店招、图标、导航等。

3.1　店标设计

店标就是网上店铺的标志。对网上店铺而言，店标决定着用户对该网上店铺的第一印象，是网上店铺非常重要的元素。设计出色的店标可以给浏览者留下深刻的印象。

3.1.1　店标的作用

大到国际连锁品牌电商，小到淘宝个人零售网店，都会有属于自己的独特标志。这个标志能够代表一个品牌，一种形象，更能给顾客留下深刻的印象，并且稳定扩展自己的客户群。店标正是担当这个重要责任的载体，它可以代表店铺的风格、店主的品位、商品的特性，也可以起到宣传的作用。图3-1所示为设计精美的店标。

图3-1

 不同的电商平台对店标的尺寸大小、文件大小及显示位置有不同的要求。对淘宝店铺来说，店标的尺寸大小为 80 像素 ×80 像素，文件大小不超过 80KB，文件格式为 GIF 或 JPG。

3.1.2　店标的特性

店标类似于品牌Logo，是网店的唯一标识，起着非常重要的作用。一个设计精美的店标不仅可以很好地展示店铺的形象，还可以传达店铺的商品信息和理念，如图3-2所示。

图3-2

网店的店标具有以下特性。

- 准确性：店标无论要说明什么、指示什么，无论是寓意，还是象征，其含义必须准确。首先要易懂，符合大众的认知心理和认知能力。其次要准确，避免使人们产生误解，能够让浏览者一目了然。

- 识别性：店标最突出的特点是易于识别。显示店铺自身特点和与众不同之处是店标的主要功能。

- 持久性：店标与店铺中的其他商品广告、宣传图片不同，一般具有长期的使用价值，不会轻易改动。

- 功用性：店标具有一定的美观性，但店标的重点是突出其功用，具有不可代替的独特功能。

3.1.3　店标的设计要求

店标是传达信息的一种重要手段，店标设计不是一般的图案设计，它需要体现店铺的精神、商品的特征、店主的经营理念等。一个好的店标，除了可以给消费者传达明确的信息，还可以在方寸之间表现出深刻的精神内涵和艺术感染力，给人饱满、和谐的感觉。

1.　创意新颖，表现独特

店标并非一个图案那么简单，它代表一个品牌，也代表一种艺术。所以店标的设计可以说是一种艺术创作，需要设计师从生活中、从店铺规划中捕捉创作的灵感。

店标可以表达店铺的独特性质，可以使消费者了解店铺的独特品质、风格和情感，因此，店标在设计上除了要追求艺术性，还需要体现创意性和个性。

设计新颖独特的店标，就是要设计可视性高的视觉形象，要善于使用夸张、重复、节奏、抽象、寓意等手法，使设计出来的店标具有易于识别、便于记忆的特点。

图3-3所示为一个户外用品电商的店标设计，使用剪影的图形表现方式呈现店标，将户外运动人物剪影与山峰图形的剪影相结合，中间加入店铺名称，表现效果简洁、直观，并且富有创意。

使用圆形印章的形式表现店标，具有很强的整体型

使用纯黑色进行配色，给人一种大气、炫酷的印象，并且无彩色的设计适合应用于任何背景之上

剪影图形使店标设计具有强烈的影视画面感，表现视觉效果新颖

图3-3

2.　信息明确，表达清晰

店标是一种视觉语言，要求产生瞬间效应，因此店标设计要求简练、明确、醒目。图案切忌复杂，但不宜过于含蓄，要做到精致、巧妙、清晰、醒目，从各个角度、各个方向来看都有较好的识别性。

店标不仅需要在视觉上具有识别性，还需要表达一定的含义，传达明确的信息，从而给消费者留下美好、独特的印象。

　　图3-4所示为一个水果网店的店标设计。使用拟人化的卡通水果形象作为店标，既表达了店铺的主营内容，又使店标更加生动、有趣，能够给浏览者留下深刻的印象。搭配店铺的中英文名称，可以更加直观、明确地表明店铺的主营内容。

将水果设计为卡通形象，可以更好地吸引消费者的注意，给消费者留下深刻的印象

使用绿色作为该店标的主色调，可以给人新鲜、自然、无污染的印象，搭配黄色的卡通形象，色彩搭配清新、亮丽，给人一种快乐、自然的感受

给店铺的中英文名称添加绿色描边，可以突出显示店铺的名称

图3-4

3. 美观大方，视觉表现强烈

　　店标设计要符合大众审美。用户观察店标的过程是一个审美的过程。在这个过程中，用户会使用社会公认的、相对客观的标准对视觉感受到的图形进行评价、分析和比较，从而引起美感冲动。这种美感冲动会传入大脑并留下记忆，因此店标设计要形象，并且具有简练、清晰的视觉效果和视觉冲击力。

　　图3-5所示为一个老字号保健品网店的店标设计。该店标设计采用借喻的表现手法，将葫芦和仙鹤图形相结合，用于表现健康、长寿的店铺喻义，使用毛笔书法风格的繁体字来表现店铺名称，并且店铺的中文名称设计得较大、苍劲有力，给人一种可信赖感和历史悠久感。

在中国传统文化中，葫芦和仙鹤都具有灵性，此处将这两种图形相结合，表现出延年益寿的店铺主题

使用黄绿色到绿色的渐变色作为店标的主色调，给人一种健康、美好的印象；搭配白色的仙鹤图形，给人一种纯洁、无污染的印象；整体的色彩表现给人一种健康、自然的印象

图3-5

提示　　店标的造型要素有点、线、面、体4类，设计师借助这4类造型要素，通过运用不同造型元素的相关规则，使所构成的图案具有独立于各种具体事物结构的美。

3.1.4　店标的类别

　　店标设计是一项高度艺术化的创造活动，没有艺术素养和良好的设计技术无法设计出个性化且具有较高价值的店标。店标按照其状态可以分为静态店标和动态店标。

1. 静态店标

　　在一般情况下，静态店标是由文字、图像构成的。有些店标使用纯文字的表现形式，有些店标使用图像的表现形式，还有些店标使用图像与文字相结合的表现形式，如图3-6所示。

图3-6

2. 动态店标

动态店标是将多张图像和文字效果制作成动画的表现形式，可以更好地吸引消费者的注意。可以使用Photoshop等软件制作动态GIF图像作为店标。

图3-7所示为"宜家"品牌的动态店标设计，通过跳动的小球表现品牌名称，接着对小球进行变形处理，从而完整地呈现该品牌标志，动态表现效果流畅、自然。

图3-7

3.1.5 设计水果网店店标

本案例主要介绍如何设计一个水果网店店标。通过图形表现抽象的水果形象，结合中英文的店铺名称，对文字进行简单的变形处理，使店铺名称与店标图形形成一个整体，为店标图形填充绿色到黄绿色的渐变色，并且叠加一些其他样式，从而创造新鲜、健康、自然的品牌形象。整个店标给人一种简洁、大方、直观的视觉印象，消费者一眼就能明白该店铺主要销售的商品是新鲜水果。

实战练习
01　　　设计水果网店店标

视　频：资源包\视频\第3章\3-1-5.mp4　　　源文件：资源包\源文件\第3章\3-1-5.psd

01　执行"文件>新建"命令，弹出"新建"对话框，参数设置如图3-8所示，单击"确定"按钮，新建一个空白文档。设置"前景色"的RGB值为(39,90,47)，按快捷键Alt+Delete，为画布填充前景色，如图3-9所示。

图3-8   图3-9

02 新建名称为"图标"的图层组，使用"钢笔"工具，在选项栏中设置"工具模式"为"形状"，设置"填充"为任意颜色、"描边"为"无"，在画布中绘制所需图形，如图3-10所示。为该图层添加"渐变叠加"图层样式，在弹出的"图层样式"对话框中设置相关参数，如图3-11所示。

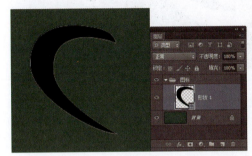

图3-10   图3-11

03 继续添加"内阴影"图层样式，相关参数设置如图3-12所示。继续添加"投影"图层样式，相关参数设置如图3-13所示。

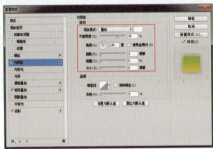

图3-12   图3-13

04 单击"确定"按钮，应用"渐变叠加"、"内阴影"和"投影"图层样式，效果如图3-14所示。新建图层，使用"钢笔"工具，在画布中绘制所需图形，如图3-15所示。

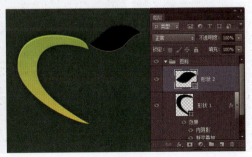

图3-14   图3-15

提示 在使用"钢笔"工具绘制路径的过程中，很难一次就绘制出所需的路径。可以使用"直接选择"工具选中路径上的锚点，对路径进行相应的调整，从而使所绘制的路径更符合设计需要。

05 使用"钢笔"工具，在选项栏中设置"路径操作"为"减去顶层形状"，在刚绘制的图形中减去相应的图形，得到所需的图形，如图3-16所示。使用相同的制作方法，为该图层添加"渐变叠加"、"内阴影"和"投影"图层样式，效果如图3-17所示。

图3-16 图3-17

06 在"图标"图层组上方新建名称为"文字"的图层组，使用"横排文字"工具，在"字符"面板中进行相关参数设置，然后在画布中输入相应的文字，如图3-18所示。使用相同的制作方法，输入其他文字，效果如图3-19所示。

图3-18 图3-19

07 同时选中"鲜果爸爸"和"FATHER"图层，复制这两个图层，并且将原文字图层隐藏，如图3-20所示。选中"鲜果爸爸 拷贝"图层，执行"文字>转换为形状"命令，将该文字图层转换为图形图层，如图3-21所示。

图3-20 图3-21

08 使用"直接选择"工具选中文字上相应的锚点，按Delete键，将选中的锚点删除，效果如图3-22所示。选中相应的锚点并向下拖动，改变文字形状，效果如图3-23所示。

图3-22 图3-23

09 使用相同的制作方法，对另一个"爸"字进行变形处理，效果如图3-24所示。使用"矩形"工具，在选项栏中设置"填充"为白色、"描边"为"无"、"路径操作"为"合并形状"，在文字基础上添加一个矩形，效果如图3-25所示。

图3-24 图3-25

10 使用相同的制作方法，可以在该文字图形中添加相应的矩形，效果如图3-26所示。使用相同的制作方法，对文字图形中的其他笔画进行变形处理，效果如图3-27所示。

图3-26 图3-27

11 选中"FATHER 拷贝"图层，执行"文字>转换为形状"命令，将该文字图层转换为图形图层，如图3-28所示。使用相同的制作方法，对该文字图形进行变形处理，效果如图3-29所示。

图3-28 图3-29

12 为"文字"图层组添加"投影"图层样式，在弹出的"图层样式"对话框中设置相关参数，如图3-30所示。单击"确定"按钮，应用"投影"图层样式，效果如图3-31所示。

图3-30

图3-31

13 完成该水果网店店标的设计与制作，最终效果如图3-32所示。

图3-32

3.2　店招设计

　　店招是指店铺的招牌，是网上店铺十分重要的宣传工具，因此它的设计需要具有很强的识别性。

　　店招是网上店铺留给顾客的第一印象，网店如何定位、是否有优惠、是否有核心商品，都可以从店招中看出来。

3.2.1　店招的设计要点

　　店招是一个店铺的形象，一个好的店招能传达店铺的经营理念，突出店铺的经营风格，起到彰显店铺形象的作用。

　　图3-33所示为一个母婴用品网店的店招设计，左侧为店标、店铺名称和广告语，右侧为促销信息和"收藏"按钮，结构和内容清晰、直观，没有过多花哨的修饰。

图3-33

在店招的设计过程中需要注意以下几点。

- 规范尺寸：店招通常都有尺寸要求，以淘宝网为例，淘宝网的店招尺寸为950像素×150像素，格式为GIF、JPG或PNG，图片大小不能超过100KB。
- 表达直接：店招应该能够明确地告诉消费者该店铺卖的是什么，可以采用实物照片的形式，直观、形象地表现店铺中的商品与店铺特色。
- 突出特点：直接阐述店铺中的商品特点，第一时间打动并吸引浏览者，可以体现店铺和所经营商品的优势及与其他店铺的不同之处，突出店铺特色，与其他店铺形成差异。图3-34所示为设计出色的店招。

图3-34

3.2.2　店招的表现类型

根据店招的功能，可以将店招分为3类：品牌宣传店招、活动促销店招和商品推广店招。

1. 品牌宣传店招

这类店招首先需要考虑的内容是店铺名称、店标、广告语，因为这是品牌宣传最基本的因素；其次是"关注"按钮、关注人数、"收藏"按钮、店铺资质，这些因素可以从侧面反映店铺的实力；最后是搜索框、导航栏等方便用户操作的因素。图3-35所示为典型的品牌宣传店招。

图3-35

2. 活动促销店招

这类店铺的特点是店铺活动、流量集中增加，与店铺正常运营时期不同。所以店招首先需要考虑的因素是优惠、促销商品等活动信息或促销信息；其次是搜索框、导航栏等方便用户操作的因素；最后才是店铺名、店标、广告语等品牌宣传因素。图3-36所示为典型的活动促销店招。

图3-36

3. 商品推广店招

这类店铺的特点是需要推广一款或几款商品。在店招设计上，应该首先考虑推广商品、推广信息、优惠券、活动信息等因素；其次是店铺名称、店标、广告语等品牌宣传因素；最后是搜索框、导航栏等方便用户操作的因素。图3-37所示为典型的商品推广店招。

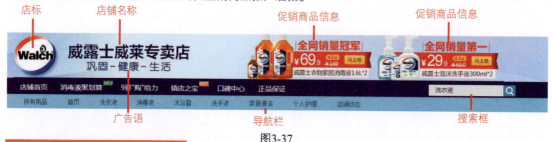

图3-37

3.2.3 设计童车店铺店招

店招是网店的招牌，出现在电商界面的顶部，店招的设计应该能够体现该网店的特色。本案例主要介绍如何设计一个童车店铺的店招。通过色块的明暗来区分不同的内容区域，包括店标、促销信息和导航，并且在促销信息部分结合商品图形和鲜艳的红色进行突出表现。整个店招的设计大方、实用，并且各部分信息清晰、直观。

实战练习 02 设计童车店铺店招

视 频：资源包\视频\第3章\3-2-3.mp4　　源文件：资源包\源文件\第3章\3-2-3.psd

01 执行"文件>新建"命令，弹出"新建"对话框，参数设置如图3-38所示，单击"确定"按钮，新建一个空白文档。新建名称为"顶部"的图层组，使用"矩形"工具，在选项栏中设置"填充"的RGB值为(40,29,35)、"描边"为"无"，在画布中绘制一个矩形，如图3-39所示。

图3-38

图3-39

02 使用"矩形"工具，在选项栏中设置"填充"的RGB值为(57,41,51)、"描边"为"无"，在画布中绘制一个矩形，如图3-40所示。使用"矩形"工具，在选项栏中设置"填充"为黑色、"描边"为"无"，在画布中绘制一个矩形，如图3-41所示。

图3-40

图3-41

03 使用"直接选择"工具，选中矩形左下角的锚点，将其向右拖动，改变矩形形状，设置该图层的"不透明度"为"30%"，效果如图3-42所示。复制"矩形3"图层，将复制得到的图像水平翻转并向右移至合适的位置，如图3-43所示。

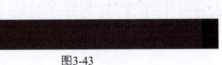

图3-42   图3-43

04 使用"横排文字"工具，在"字符"面板中进行相关参数设置，在画布中输入相应的文字，如图3-44所示。为该文字图层添加"渐变叠加"图层样式，在弹出的"图层样式"对话框中设置相关参数，如图3-45所示。

图3-44   图3-45

05 继续添加"投影"图层样式，相关参数设置如图3-46所示。单击"确定"按钮，应用"渐变叠加"和"投影"图层样式，效果如图3-47所示。

图3-46   图3-47

06 使用相同的制作方法，在画布中输入相应的文字，并且为该文字图层添加"渐变叠加"和"投影"图层样式，效果如图3-48所示。使用"直线"工具，在选项栏中设置"填充"的RGB值为(255,240,218)、"描边"为"无"、"粗细"为"1像素"，在画布中绘制两条直线，如图3-49所示。

图3-48   图3-49

07 使用"直线"工具，在选项栏中设置"填充"为任意颜色、"描边"为"无"、"粗细"为"2像素"，在画布中绘制一条垂直直线，如图3-50所示。为该图层添加"渐变叠加"和"投影"图层样式，效果如图3-51所示。

图3-50　　　　　　　　　　　　图3-51

08 使用相同的制作方法，可以完成相似文字效果的制作，如图3-52所示。打开并拖入"资源包\源文件\第3章\素材\32301.jpg"素材文件，将其调整到合适的大小和位置，效果如图3-53所示。

图3-52

图3-53

09 设置该图层的"混合模式"为"滤色"，效果如图3-54所示。复制该图层，将复制得到的图像调整到合适的大小和位置，效果如图3-55所示。

图3-54

图3-55

10 新建名称为"收藏"的图层组，打开并拖入"资源包\源文件\第3章\素材\32302.png"素材文件，将其调整到合适的大小和位置，效果如图3-56所示。为该图层添加图层蒙版，使用"画笔"工具，设置"前景色"为黑色，在图层蒙版中进行涂抹，设置该图层的"混合模式"为"正片叠底"，效果如图3-57所示。

图3-56　　　　　　　　　　　　　　　图3-57

11 使用"矩形"工具，在选项栏中设置"填充"的RGB值为(213,190,138)、"描边"为"无"，在画布中绘制一个矩形，如图3-58所示。使用"添加锚点"工具，在刚绘制的矩形底部边缘中心位置单击，添加一个锚点，使用"直接选择"工具调整该锚点的位置，效果如图3-59所示。

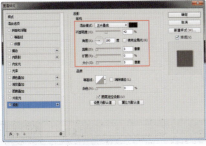

图3-58　　　　　　　　　　　　　　　图3-59

提示　使用"添加锚点"工具在路径边缘上单击，添加的锚点为平滑锚点，可以使用"转换点"工具，将其转换为转角锚点。

12 为该图层添加"投影"图层样式，在弹出的"图层样式"对话框中设置相关参数，如图3-60所示。单击"确定"按钮，应用"投影"图层样式，效果如图3-61所示。

图3-60　　　　　　　　　　　　　　　图3-61

13 打开并拖入"资源包\源文件\第3章\素材\32303.png"素材文件，将其调整到合适的大小和位置，效果如图3-62所示。使用"横排文字"工具，在"字符"面板中进行相关参数设置，在画布中输入相应的文字，如图3-63所示。

图3-62　　　　　　　　　　　　　　　图3-63

14 使用"直线"工具，在选项栏中设置"填充"的RGB值为(52,32,40)、"描边"为"无"、"粗细"为"2像素"，在画布中绘制一条直线，如图3-64所示。为该图层添加图层蒙版，使用"画笔"工具，设置"前景色"为黑色，在图层蒙版中进行涂抹，效果如图3-65所示。

图3-64   图3-65

15 使用"椭圆"工具，在选项栏中设置"填充"的RGB值为(52,32,40)、"描边"为"无"，按住Shift键在画布中绘制一个正圆形，如图3-66所示。使用"钢笔"工具，在选项栏中设置"填充"的RGB值为(213,190,138)、"描边"为"无"，在画布中绘制一个图形，如图3-67所示。

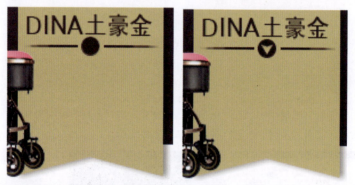

图3-66   图3-67

16 使用相同的制作方法，完成该部分其他内容的制作，效果如图3-68所示。使用"矩形"工具，在选项栏中设置"填充"的RGB值为(20,15,22)、"描边"为"无"，在画布中绘制一个矩形，如图3-69所示。

图3-68   图3-69

17 在"顶部"图层组上方新建名称为"菜单"的图层组，使用"矩形"工具，在选项栏中设置"填充"的RGB值为(222,3,15)、"描边"为"无"，在画布中绘制一个矩形，如图3-70所示。使用"钢笔"工具，在选项栏中设置"填充"的RGB值为(118,0,7)、"描边"为"无"，在画布中绘制一个图形，如图3-71所示。

图3-70   图3-71

18 使用"横排文字"工具，在"字符"面板中进行相关参数设置，在画布中输入相应的文字，如图3-72 所示。使用相同的制作方法，输入其他菜单栏文字，如图3-73所示。

图3-72   图3-73

19 将制作好的商品宣传广告素材文件拖入设计文档中，将其调整到合适的大小和位置，完成该童车店铺店招的设计与制作，最终效果如图3-74所示。

图3-74

3.3 电商图标类型

    图标是一种小的可视控件，是电商UI设计中的指示路牌，以最便捷、简单的方式指引浏览者获取其需要的信息资源。图标是具有明确指代含义的计算机图形。例如，操作系统桌面图标是软件操作快捷方式的标识，电商UI设计中的图标是操作功能的标识。

3.3.1 应用图标

    应用图标是指在将电商App安装在手机或平板电脑等移动设备上时，用于启动该电商App的一个具有宣传和推广意义的图标。从宣传推广和吸引应用商店用户的眼球的角度来看，应用图标的设计至关重要。与实体店的标识或橱窗一样，电商App的应用图标不仅要体现应用的核心价值，还要能够吸引用户眼球。图3-75所示为移动电商App的应用图标设计。

图3-75

一款好的电商App图标，不但要看起来美观，而且要让用户有点击的欲望。手机或其他移动设备上的App都会以应用图标的形式展现给用户，它能传达应用程序的基础信息，并且给用户带来第一印象。

图3-76所示为国内电商平台"天猫商城"的应用图标设计。该应用图标采用拟物化的设计手法，将应用图标设计成一个购物手提袋的造型，搭配天猫品牌形象，定位清晰、简约、直观。

将应用图标设计成一个购物手提袋的造型，与其定位相匹配，让人一看到就能知道该应用是一个与购物有关的应用

在图标设计中融入天猫品牌形象，强化品牌印象

图3-76

3.3.2 功能图标

功能图标应该具有简洁明了的图示作用，能够让用户清楚地认识该按钮的功能，产生功能关联反应。同一个群组内的功能图标应该具有统一的设计风格，功能差异较大的图标应该有所区别。图3-77所示为移动电商App中的功能图标设计。

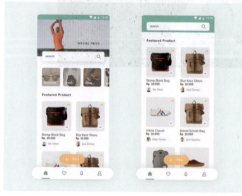

底部标签栏中的功能图标默认使用深灰色线性图标表现，而当前选中的图标以青蓝色的面性图标展示，在一系列图标中突出显示，从而更好地指示用户当前的位置，这是一种常用的方法

图3-77

功能图标应该具有交互性，即应该设计该图标在不同状态下的效果。功能图标最基本的状态包括默认显示状态和将鼠标指针移至该图标上时的状态。图3-78所示为移动电商App中的功能图标设计。

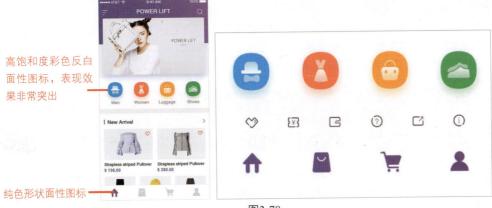

高饱和度彩色反白面性图标，表现效果非常突出

纯色形状面性图标

图3-78

3.3.3 装饰图标

电商UI设计的原则是简洁、易用和高效，精美的装饰图标设计往往能起到画龙点睛的作用，从而提升电商UI设计的视觉效果。现在，图标的设计越来越新颖、有独创性，图标设计的核心思想是要尽可能地发挥图标的优点：比文字直观、漂亮，在该基础上尽可能地使用简洁、清晰、美观的图形表达图标的意义。图3-79所示为移动电商App中的装饰图标设计。

图3-79

装饰图标的设计应该具有可识别性强、直观、简单的特点，要能够准确地表示相应的操作，让用户看到就能明白该图标要表达的意思。此外，需要注意图标之间的差异性，只有图标之间有差异，才能被用户关注和记忆，从而对设计内容留有印象。图3-80所示为移动电商App中的装饰图标设计。

使用一系列风格统一的装饰图标来表现不同类型的商品，并且使用不同的背景颜色搭配文字描述，非常清晰、直观

为界面中的各菜单选项搭配相同设计风格的线性图标，从而便于用户区分不同的菜单选项，使界面不会过于单调

图3-80

3.3.4　设计简约线性图标

本案例主要介绍如何设计一款简洁、大方的电商线性图标。线性图标的设计比较简单，在设计过程中可以使用基本的线条构成图形，也可以通过基本图形的相加或相减操作来构成图形，重点是一系列图标的线框粗细要一致，并且能够准确表现该图标的功能。

实战练习 03　　设计简约线性图标

视　频：资源包\视频\第3章\3-3-4.mp4　　源文件：资源包\源文件\第3章\3-3-4.psd

01 执行"文件>新建"命令，弹出"新建"对话框，参数设置如图3-81所示，单击"确定"按钮，新建一个空白文档。设置"前景色"的RGB值为(30,18,66)，按快捷键Alt+Delete，为画布填充前景色，效果如图3-82所示。

图3-81

图3-82

02 新建名称为"图标1"的图层组，使用"圆角矩形"工具，在选项栏中设置"填充"为"无"、"描边宽度"为"2点"、"半径"为"5像素"，在画布中绘制一个白色的圆角矩形，如图3-83所示。打开"属性"面板，对相关参数进行设置，图形效果如图3-84所示。

图3-83

图3-84

03 使用相同的制作方法，完成相似图形的绘制，如图3-85所示。使用"矩形"工具，在画布中绘制一个白色的矩形，如图3-86所示。

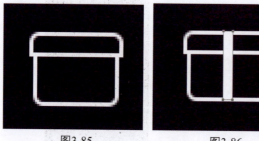

图3-85　　　　　　　　　　　图3-86

04 使用"圆角矩形"工具，在选项栏中设置"半径"为"5像素"，在画布中绘制一个白色的圆角矩形，如图3-87所示。使用"圆角矩形"工具，在选项栏中设置"路径操作"为"减去顶层形状"，在刚绘制的圆角矩形上减去一个圆角矩形，如图3-88所示。

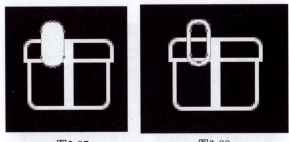

图3-87   图3-88

05 执行"编辑>变换路径>旋转"命令，对上一步绘制的图形进行旋转操作，效果如图3-89所示。使用相同的制作方法完成相似图形的绘制，如图3-90所示。

图3-89   图3-90

06 使用"矩形"工具，在选项栏中设置"路径操作"为"减去顶层形状"，在画布中绘制一个矩形，如图3-91所示。新建名称为"图标2"的图层组，使用"圆角矩形"工具，在选项栏中设置"半径"为"2像素"，在画布中绘制一个白色的圆角矩形，如图3-92所示。

图3-91   图3-92

07 执行"编辑>变换路径>透视"命令，对上一步绘制的圆角矩形进行透视调整，效果如图3-93所示。使用"矩形"工具，在选项栏中设置"路径操作"为"减去顶层形状"，在该图形上减去一个矩形，并对被减去的矩形进行相应的透视调整，效果如图3-94所示。

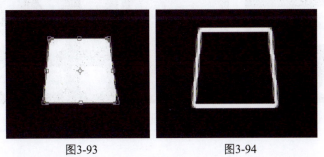

图3-93   图3-94

08 使用"椭圆"工具，按住Shift键，在画布中绘制一个白色的正圆形，如图3-95所示。使用相同的制作方法绘制其他图形，完成该图标的绘制，如图3-96所示。

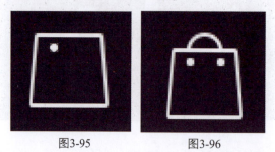

图3-95　　　　　　图3-96

09 使用相同的制作方法，完成一系列相同设计风格的线性图标的绘制，如图3-97所示。

图3-97

3.4　电商应用图标的设计要点

　　电商应用图标是电商App的关键组成部分，它能够将电商App的基础信息传达给用户，并且给用户带来第一印象，它也是电商App的入口，用于引导用户下载并使用该电商App。

3.4.1　符合设计规范性

　　应用图标的视觉设计要符合平台开发的设计规范性，针对不同的系统应用平台，往往会产生截然不同的设计结果，如iOS系统与Android系统对于应用图标的设计规范就有所不同。图3-98所示为iOS系统和Android系统界面中的应用图标设计。

（iOS系统应用图标）　　　　（Android系统应用图标）

图3-98

3.4.2 分析定位、突出特点

电商应用图标的设计要找到共性，抓住个性，即分析、了解同类型App及各自图标设计的定位，找到设计方向的共性及其自身的独特性。在手机应用商店中搜索关键字会找到很多同类型的电商App，从搜索结果中可以发现哪些电商App的图标会更吸引用户的关注。图3-99所示为手机应用商店中的电商App图标。

图3-99

3.4.3 设计完整性

电商应用图标的设计要力求设计表现的完整性，明确设计任务，大胆设计。在电商应用图标的设计过程中，需要尽量简化设计元素，突出设计主题，过多的设计元素会使图标过于花哨，而无法突出设计主题。在设计电商应用图标时，力求做到层次分明，不刻意追求质感，简约、直观、大方、主题明确才是设计的目标。图3-100所示为设计出色的电商应用图标。

图3-100

3.4.4 统一性

电商应用图标的视觉设计要遵循横向、纵向比较的统一性，在完成电商应用图标的设计之后，可以将其与同类型的电商应用图标进行比较，从而审视自己设计的电商应用图标是否能够抓住用户的眼球。有时不同的系统平台会产生不同的视觉效果，某些系列化的App更需要通过比较来分析商品的统一性。在进行比较之后，可以有针对性地对电商应用图标进行微调，但不要随便更改设计意图及表现形式。图3-101所示为电商应用图标设计与品牌统一性的表现。

图3-101

3.4.5　连续性

　　电商应用图标的视觉设计要保持设计过程的连续性。随着应用版本的升级，应用图标也应该在商品升级的大背景下有所体现。比较好的做法是有计划、有组织地进行视觉递进式改进。图3-102所示为电商平台"蘑菇街"的应用图标设计连续性的表现。

图3-102

3.4.6　设计时尚风格电商应用图标

　　本案例主要介绍如何设计一款具有时尚风格的电商应用图标。在该图标的设计过程中，使用了鲜艳的色彩和马赛克晶格，可以体现图标独特和新潮的特点，在众多电商应用图标中独树一帜，给人一种时尚、青春的感觉，搭配向上倾斜的文字，使图标表现出年轻、张扬的气息。

实战练习 04　设计时尚风格电商应用图标

视 频：资源包\视频\第3章\3-4-6.mp4　　　源文件：资源包\源文件\第3章\3-4-6.psd

01 执行"文件>新建"命令，弹出"新建"对话框，参数设置如图3-103所示，单击"确定"按钮，新建一个空白文档。使用"渐变"工具，打开"渐变编辑器"窗口，设置渐变色，如图3-104所示。

图3-103

图3-104

02 单击"确定"按钮，完成渐变色设置，在画布中填充径向渐变色，效果如图3-105所示。执行"滤镜>杂色>添加杂色"命令，在弹出的"添加杂色"对话框中设置相关参数，如图3-106所示。

图3-105

图3-106

03 单击"确定"按钮，应用"添加杂色"滤镜，效果如图3-107所示。使用"圆角矩形"工具，在选项栏中设置"半径"为"30像素"，在画布中绘制一个白色的圆角矩形，如图3-108所示。

图3-107 　　　　　　　　　　　　　　　图3-108

04 为该图层添加"渐变叠加"图层样式，在弹出的"图层样式"对话框中设置相关参数，如图3-109所示。单击"确定"按钮，应用"渐变叠加"图层样式，效果如图3-110所示。

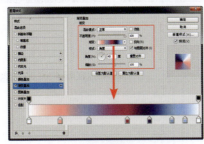

图3-109 　　　　　　　　　　　　　　图3-110

05 复制"圆角矩形1"图层，得到"圆角矩形1拷贝"图层，执行"图层>栅格化>图层样式"命令，栅格化图层样式。执行"滤镜>像素化>马赛克"命令，在弹出的"马赛克"对话框中设置相关参数，如图3-111所示。单击"确定"按钮，应用"马赛克"滤镜，效果如图3-112所示。

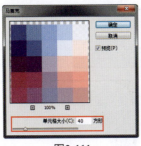

图3-111 　　　　　　　　　　　　图3-112

06 按住Ctrl键，单击"圆角矩形1"图层缩览图，载入该图层选区，为"圆角矩形1拷贝"图层添加图层蒙版，效果如图3-113所示。复制"圆角矩形1拷贝"图层，得到"圆角矩形1拷贝2"图层，执行"滤镜>滤镜库"命令，弹出"滤镜库"对话框，应用"风格化"卷展栏中的"照亮边缘"滤镜，如图3-114所示。

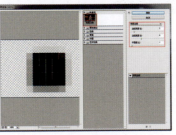

图3-113 　　　　　　　　　　　　图3-114

07 单击"确定"按钮，完成"滤镜库"对话框中的参数设置。设置该图层的"混合模式"为"颜色减淡"，设置该图层的"不透明度"为"30%"，效果如图3-115所示。复制"圆角矩形1"图层，得到"圆角矩形1拷贝3"图层，清除图层样式，将该图层调整至所有图层上方，如图3-116所示。

图3-115　　　　　　　　　　　　　　　图3-116

08 为"圆角矩形1拷贝3"图层添加"内阴影"图层样式，在弹出的"图层样式"对话框中设置相关参数，如图3-117所示。继续添加"内发光"图层样式，相关参数设置如图3-118所示。

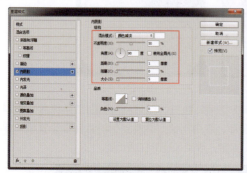 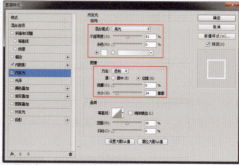

图3-117　　　　　　　　　　　　　　　图3-118

09 单击"确定"按钮，应用"内阴影"和"内发光"图层样式。设置该图层的"填充"为"0%"，效果如图3-119所示。使用"椭圆"工具，在画布中绘制一个白色的正圆形，如图3-120所示。

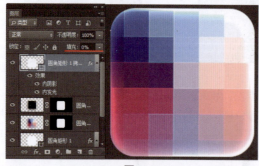 

图3-119　　　　　　　　　　　　　　　图3-120

 提示　"填充"参数主要用于设置图层内部元素的不透明度，只对图层内部图像起作用，不会对图层附加的其他元素（如图层样式）起作用。

10 为该图层添加"内阴影"图层样式，在弹出的"图层样式"对话框中设置相关参数，如图3-121所示。继续添加"渐变叠加"图层样式，相关参数设置如图3-122所示。

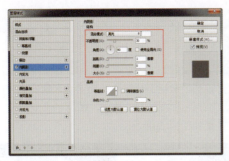

图3-121　　　　　　　　　　　　图3-122

11 继续添加"投影"图层样式，相关参数设置如图3-123所示。单击"确定"按钮，应用"内阴影"、"渐变叠加"和"投影"图层样式，效果如图3-124所示。

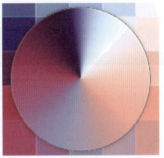

图3-123　　　　　　　　　　　　图3-124

12 复制该图层，将复制得到的正圆形等比例缩小，并且修改图层样式，效果如图3-125所示。使用"横排文字"工具，在"字符"面板中设置相关参数，在画布中输入相应的文字，如图3-126所示。

图3-125　　　　　　　　　　　　图3-126

13 执行"编辑>变换>斜切"命令，对文字进行斜切操作，效果如图3-127所示。使用相同的制作方法，为文字图层添加"内阴影"、"渐变叠加"和"投影"图层样式，效果如图3-128所示。

图3-127　　　　　　　　　　　　图3-128

提示

选中需要进行变换操作的图形，按快捷键 Ctrl+T 或执行"编辑>变换>缩放"命令，会在图形上显示变换框，按住 Shift 键拖动变换控制点，可以以变换中心点为中心对图像进行等比例缩放操作，在将图形等比例缩放至合适大小后，按 Enter 键确认即可。

14 新建图层，在画布中绘制一个椭圆形选区，并且对该选区进行羽化操作，为该选区填充白色，设置图层的"不透明度"为"80%"，如图3-129所示。为该图层添加图层蒙版，使用"渐变"工具，在图层蒙版中填充黑白径向渐变色，并且调整图层顺序，效果如图3-130所示。

图3-129

图3-130

15 完成该具有时尚风格电商应用图标的设计与制作，最终效果如图3-131所示。

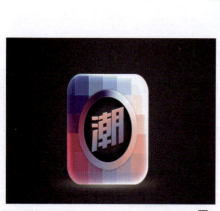

图3-131

3.5 电商导航设计原则

随着互联网的快速发展，人们通过电商平台进行交易越来越平常，电商UI中的商品信息通常比较多，消费者在面对大量商品信息时会感到迷茫，因此优秀的导航设计能够提高电商平台的易用性，对实现电商平台的高效运作具有实际意义。

电商网站的首页导航设计必须本着最佳的用户体验为原则，既要将网站中的所有信息在有限的导航栏中体现，又要为用户提供重要的帮助信息。

3.5.1 符合内容结构

在进行电商导航设计前，需要对电商网站中的内容有一个全面的了解，并且将其进行归类。电商网站通常会设置两个导航，分别为网站头部的总导航和网站侧边的商品分类导航。在一般情况下，总导航会比较笼统地展示网站中的商品，分类导航会对网站中的商品进行更细致的分类，如图3-132所示。

商品分类导航

主导航

图3-132

在进行总导航设计时，需要注意以下两点。

（1）总导航应该尽量简洁，如果在总导航中放置过多内容，那么无论是在视觉效果上，还是在用户体验上，都会给人复杂、烦琐的感觉。

（2）总导航中的内容应该与网站内容紧密相关，能够充分体现总导航与网站内容的匹配度。

在电商网站的导航中或导航周围通常会设计一些广告，运用得恰当不仅不会令用户反感，还能提升用户的满意度。但需要注意的是，应该尽量避免放置与本网站无关的内容，因为广告成分过于明显的内容及无关内容会使用户在购物时受到干扰。

3.5.2　明确业务目标

电商网站UI中的导航需要能够体现目前网站中所销售的商品信息。因此，导航需要随着网站主营商品的变更而变更，或者根据商品销量做出改变，让呈现在用户面前的导航始终与网站本身内容及当前热门信息贴合。

不同项目的设计过程基本大同小异，但电商UI设计会根据客户不同的业务需求产生不同的设计目标。在确定了设计目标后，所做的设计无论是简单还是花哨，都必须将这个目标完整地体现出来。

"唯品会"电商网站的导航设计在目标的体现上是比较明显的，如图3-133所示，将主营商品种类及近期活动用最清楚的方式展现出来，可以有效地提高用户查找所需商品的效率。

图3-133

3.5.3　遵从用户使用习惯

在进行电商网站导航设计时，设计师应该将使用对象看作新用户，要能在第一时间满足其需求，尽量削弱导航的学习性。例如，使用鼠标指针悬停的方式展开分类选项，可以在很大程度上降低用户的学习成本。图3-134所示为"真快乐"网站的导航菜单。

图3-134

提示

在通常情况下，用户在网页中停留的时间是比较短的，因此，网站导航必须一目了然，让用户产生依赖感。当网站需要进行改版时，尽量不要对导航做过大的改动，因为导航是网站的重要组成部分，也是用户相对比较依赖的一个模块，一旦对导航进行了较大改动，会让用户无形中产生一种陌生感和距离感。

3.5.4 避免重复的分类

在导航的设计过程中，需要对电商网站的整体运营内容有全面的了解，进而拟定具体的板块，而导航的作用是对这些板块进行详细的分类，在清楚导航的目的和重要性后，将类似的板块拼凑在一起，形成一个整体，即可得到主导航。在主导航的左下方或右下方会有一个比较全面的分类导航，在一些比较知名的电商网站中，分类导航的使用率可能高于主导航，二者之间有一种微妙的递进关系，要尽量避免内容重复。

图3-135所示为"天猫商场"网站的导航，"医药保健"和"医药馆"在字义上相近，但是在"医药保健"的下级菜单中可以选择更加详细的商品分类，分类更加细致、直观。

图3-135

3.5.5 使用合适的文案

在电商导航中，文案的首要任务是让每个用户都能快速、准确地理解相关信息。

文字标签是传达信息最有效的途径，因此，导航中的文案应该避免使用用户难以理解的词汇，如专业术语、缩写和个性化语言等。其中最常见的问题是使用缩写，很多电商网站为了排版美观，或者因为文字长度限制而使用缩写，从而牺牲用户体验，增加用户对导航的理解难度。

3.5.6　清晰的视觉体验

从视觉效果角度来看，用户只用几秒钟的时间扫视界面，所以导航的视觉设计必须符合逻辑，可以用色彩给用户提供指引，可单击的部分尽可能明显一些，减少用户查看的时间。在色彩的使用上应该避免使用大片亮色，这会间接地降低导航文字的可识别度。此外，电商网站面向的是所有消费者，因此，在导航与导航文字的色彩搭配上要考虑一些色彩障碍者。"苏宁易购"网站在这一点上做得很好，各层级的导航颜色由深至浅，让用户有一种循序渐进的感觉。整个导航区域的色彩搭配也很恰当，无论将鼠标指针悬停在什么地方，都能得到一个让人舒适的导航效果，如图3-136所示。

图3-136

3.5.7　为用户提供反馈

在用户导航中选择了某个选项后，该导航项应该立刻做出相应的回馈。例如，在用户在分类导航中单击某些文字后，这些文字应该发生相应的变化，可以是字体的大小、颜色的变化，也可以是其他合适的效果。

图3-137所示为"天猫超市"的交互导航设计，该导航为用户提供了良好的视觉反馈效果。在默认情况下，分类导航选项为白底黑字效果，在将鼠标指针移至某个分类导航选项上方时，该选项变为红底白字的效果，与其他选项形成鲜明的对比，并且在该选项右侧显示的子选项应用了红色边框，视觉反馈效果明确、直观，便于用户分辨和操作。

图3-137

3.5.8　导航符合界面整体风格

导航与网站整体风格的搭配分为视觉搭配和内容搭配两部分。

在视觉上，电商网站导航既要迎合网站的整体风格，又要主导网站的风格。在内容上，导航的内容与网站的点击量及商品销量都有密切的关系。如果用户无法通过导航找到自己想要的商品，则意味着商家可能会丢失这位用户。如果能在导航中推荐一些商品给用户，则可能会促进网站商品的销售。

导航要符合网站整体的风格，可以细化到每个细节（如线框、字体）。这样做的主要目的是减少用户的页面跳跃感，尽量避免用户因为页面跳转而产生思考和反应。同时，对网站的整体美观程度也有一定的好处。图3-138所示为"小米商城"网站的导航设计。

图3-138

3.5.9　有利于搜索引擎优化

搜索引擎优化是大部分初创电商都会选择的推广方式，由于电商导航是电商网站最主要的入口，因此栏目较多的导航并不利于搜索引擎的抓取。在内容设置上，应该将主要内容展现出来，让用户一目了然。这样的设计不但有利于用户查看，而且有利于搜索引擎顺着导航目录层层深入。按钮和图片会阻碍搜索引擎的访问和抓取，所以，在导航栏中尽量使用文本，在减少用户思考时间的同时有利于搜索引擎的优化。

图3-139所示为"网易严选"的网站导航设计，主导航栏中只有几个主要的模块，既可以使用户快速了解网站的主营项目，又有利于搜索引擎的优化。

图3-139

3.5.10　趋于专业化的导航

商业化和专业化对电商网站尤为重要，时下有很多电商网站的导航看起来比较凌乱，在色调和布局上过于雷同，这样的导航会使网站的风格基调混乱。如果电商网站需要体现严肃、简洁的特点，就应该尽量避免过多的动态效果。导航栏通常比其他标题栏有更高的高度、更大的加粗字体，但如果过度就会显得不够精致。

图3-140所示为"小米商城"的网站导航设计。"小米商城"网站是针对小米品牌商品的电商网站，导航设计非常专业，没有过多的色彩，分类也尽可能地减少，给人一种简洁、直观、清晰的印象，能在一定程度上增加用户对网站的信任感。

图3-140

3.5.11 设计运动品牌电商网站导航

本案例主要介绍如何设计一个运动品牌电商网站导航。该网站导航主要包括3部分，分别为主导航、二级导航和三级导航，运用不同的背景颜色区分各层导航菜单，简洁的文字和图形使该导航结构清晰、层次分明，便于用户操作。

实战练习 05 设计运动品牌电商网站导航

视　频：资源包\视频\第3章\3-5-11.mp4　　　源文件：资源包\源文件\第3章\3-5-11.psd

01 执行"文件>新建"命令，弹出"新建"对话框，参数设置如图3-141所示，单击"确定"按钮，新建一个空白文档。为画布填充黑色，拖出相应的参考线，新建名称为"顶层"的图层组，使用"矩形"工具，在选项栏中设置"填充"的RGB值为(222,45,45)、"描边"为"无"，在画布中绘制一个矩形，如图3-142所示。

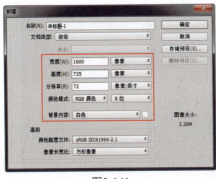

图3-141

图3-142

02 使用"直线"工具，设置"填充"的RGB值为(54,54,54)、"描边"为"无"、"粗细"为"1像素"，在画布中绘制一条直线，如图3-143所示。多次复制刚绘制的直线，并且将复制得到的直线分别调整到合适的位置，如图3-144所示。

图3-143　　　　　　　　　　　　　　　　　图3-144

03 使用"横排文字"工具，在"字符"面板中设置相关参数，在画布中输入相应的文字，如图3-145所示。使用"直线"工具，在画布中绘制一条白色的直线，如图3-146所示。

图3-145   图3-146

04 复制上一步绘制的直线，将复制得到的直线旋转90°，使用相同的方法，完成相似图形的绘制，效果如图3-147所示。使用相同的制作方法，完成顶部右侧部分的制作，效果如图3-148所示。

图3-147

图3-148

05 新建名称为"标题与搜索"的图层组，使用"矩形"工具，在选项栏中设置"填充"的RGB值为(35,35,35)、"描边"为"无"，在画布中绘制一个矩形，如图3-149所示。使用"直线"工具，在选项栏中设置"填充"的RGB值为(51,51,51)，在画布中绘制一条直线，如图3-150所示。

图3-149

图3-150

06 使用"横排文字"工具，在"字符"面板中设置相关参数，在画布中输入相应的文字，如图3-151所示。使用相同的制作方法，完成搜索栏部分的制作，效果如图3-152所示。

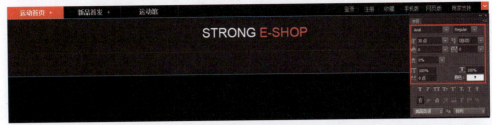

图3-151

图3-152

07 新建名称为"广告宣传"的图层组，使用"钢笔"工具，在选项栏中设置"填充"的RGB值为(207,33,26)、"描边"为"无"，在画布中绘制一个图形，如图3-153所示。打开并拖入"资源包\源文件\第3章\素材\3501.png"素材文件，效果如图3-154所示。

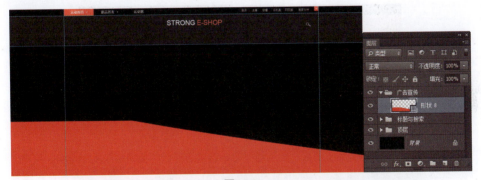

图3-153

图3-154

08 使用"自定形状"工具，在选项栏的"形状"下拉列表中选择合适的形状，在画布中绘制一个白色的图形，如图3-155所示。使用相同的制作方法，完成相似图形的绘制，效果如图3-156所示。

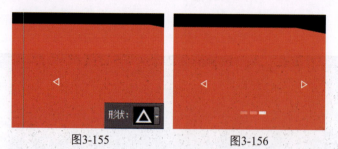

图3-155　　　　　　　　　图3-156

09 打开并拖入"资源包\源文件\第3章\素材\3503.png"素材文件，效果如图3-157所示。新建图层，使用"椭圆选框"工具在画布中绘制一个椭圆形选区，如图3-158所示。

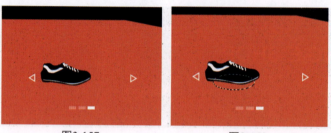

图3-157　　　　　　　　　图3-158

10 执行"选择>修改>羽化"命令，在弹出的对话框中设置"羽化半径"为"7像素"，羽化椭圆形选区，为该选区填充黑色，将该图层调整至"图层2"图层下方，效果如图3-159所示。使用相同的制作方法，完成文字的输入，效果如图3-160所示。

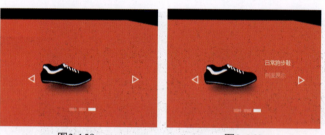

图3-159　　　　　　　　　图3-160

11 将"广告宣传"图层组调整至"顶层"图层组下方，新建名称为"菜单栏"的图层组，使用"矩形"工具，在选项栏中设置"填充"的RGB值为(226,62,55)、"描边"为"无"，在画布中绘制一个矩形；在选项栏中设置"路径操作"为"合并形状"，在刚绘制的矩形上再绘制一个矩形，效果如图3-161所示。

图3-161

12 使用相同的制作方法，在画布中绘制两个矩形，并且对其进行旋转操作，效果如图3-162所示。选中"矩形6"和"矩形6拷贝"图层，执行"图层>创建剪贴蒙版"命令，创建剪贴蒙版，效果如图3-163所示。

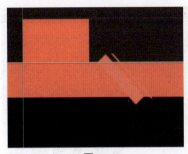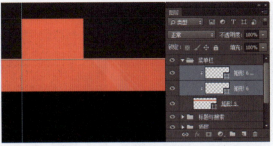

图3-162　　　　　　　　　　　　　图3-163

13 使用相同的制作方法，完成主导航的制作，效果如图3-164所示。使用"矩形"工具，在选项栏中设置"填充"的RGB值为(57,57,57)、"描边"为"无"，在画布中绘制一个矩形，效果如图3-165所示。

图3-164

图3-165

14 打开并拖入"资源包\源文件\第3章\素材\3502.png"素材文件，效果如图3-166所示。使用"直线"工具，在选项栏中设置"填充"的RGB值为(61,61,61)、"描边"为"无"，在画布中绘制一条直线，如图3-167所示。

图3-166　　　　　　　　　　　图3-167

15 复制上一步绘制的直线，并且输入相应的文字，效果如图3-168所示。使用相同的制作方法，完成其他导航菜单的制作，效果如图3-169所示。

图3-168   图3-169

16 完成该运动品牌电商网站导航的设计与制作，最终效果如图3-170所示。

图3-170

3.6 本章小结

　　本章向读者介绍了电商UI设计中多种基础元素的设计表现方法和技巧，并且通过案例的设计与制作，讲解了不同元素设计与制作的方法和技巧。通过对本章内容的学习，读者可以掌握电商UI设计中基础元素的设计表现方法和技项，并且能够在电商UI设计中灵活地运用这些基础元素。

第4章　电商文字与广告设计

文字在电商UI中的组织、安排及艺术处理非常重要，优秀的文字设计可以给消费者以美的视觉享受，从而更好地体现商品价值。广告在电商UI中也很常见，通过广告可以更好地突出商品的特点。本章主要向读者介绍电商文字与广告设计的相关知识，并且通过案例的设计与制作，使读者掌握电商文字与广告设计的方法和技巧。

4.1 电商UI设计中的字体应用

图形和文字是平面设计中的两大基本元素。在传达信息时，仅通过图形来传达信息往往不能达到良好的传达效果，需要借助文字才能达到有效的传达效果。文字可以有效地避免信息传达不明确和歧义现象的发生，从而使消费者方便、顺利、愉快地接收电商UI设计所传达的信息。

4.1.1 电商UI设计中常用的中英文字体

字体是文字的风格样式，不同字体给人的感觉也不同。

1. 中文字体

目前计算机系统中的默认中文字体（基本中文字体）有宋体、仿宋体、黑体，页面中默认的中文字体为宋体，这种字体结构严谨、笔画简单，书写起来工整规范。

经过较长时间的发展演变，汉字变得更加象征化和抽象化，外在结构表现得更加简约化和系统化。点、线组合构成汉字的结构，在点与线的组合之中存在着力的呼应与对比，因此线条之间的相互呼应产生了文字的生命力。图4-1所示为电商页面中中文字体的应用。

图4-1

2. 英文字体

目前计算机系统中的默认英文字体（基本英文字体）有Times New Roman、Arial Black、Impact。在网站界面、书刊及各种广告中一般都使用这3种英文字体进行正文编排或首字突出。但是在进行宣传时，由于Arial Black、Impact这两种字体没有衬线、明了清晰、方便表达，因此使用范围较广。图4-2所示为3种基本英文字体的显示效果。

Font Font **Font**

（Times New Roman）　　　（Arial Black）　　　（Impact）

图4-2

无论选择什么英文字体，都要依据电商UI的总体设计和消费者的需要。在同一个电商UI中，如果字体种类较少，则版面雅致、有稳重感；如果字体种类较多，则版面活跃、丰富多彩。关键是如何根据界面内容来调节这个比例。图4-3所示为电商UI设计中英文字体的应用。

图4-3

4.1.2　电商字体的基本设计技巧

在电商UI设计中，一些主题或标题文字可以使用笔画较粗的字体，如方正兰亭粗黑、方正兰亭大黑、方正兰亭黑简体、方正兰亭中黑等。使用较粗的字体可以突出表现主题或标题文字，使电商图片更加大气。图4-4所示为电商UI设计中较粗字体的应用。

图4-4

一些主题或标题文字还可以使用艺术字体进行表现，如造字工房系统、方正谭黑、蒙纳超刚黑等。使用艺术字体可以增强电商UI设计的艺术性和趣味感。图4-5所示为电商UI设计中艺术字体的应用。

图4-5

在电商UI设计中，主题或标题文字也可以使用较细的字体。如果使用较细的字体，则需要适当地加大字号，使主题或标题文字突出显示，从而与其他文字区分开。使用较细的字体作为主题或标题文字可以给人一种雅致的感觉。图4-6所示为电商UI设计中较细字体的应用。

图4-6

 在电商 UI 设计中，需要阅读的正文部分不建议使用笔画太粗的字体，因为正文内容通常较多，所以字号较小。在字号比较小的情况下，清晰的结构能够让用户快速、高效地阅读，因此为了便于阅读，正文部分通常使用笔画较细的字体。

4.1.3　电商字体的高级使用技巧

在电商UI设计中，可以根据商品或商品针对的消费群体来选择合适的字体，从而使电商UI设计更加适合商品和消费群体的定位，突出表现商品的特点。

1. 适合用于表现男性的字体

关键词：硬朗、粗犷、力量、稳重、大气。

表现男性的字体通常选用笔画较粗的字体或棱角分明的字体，在设计过程中，字体的大小和粗细互相搭配，从而有效地体现内容的主次。图4-7所示为电商UI设计中表现男性的字体应用。

图4-7

2. 适合用于表现女性的字体

关键词：柔美、飘逸、纤细、俊俏、气质、时尚。

表现女性的字体通常选用笔画纤细、秀美、线条流畅、字形有粗细等细节变化的字体。图4-8所示为电商UI设计中表现女性的字体应用。

图4-8

3. 适合用于促销的字体

关键词：粗、大、显眼、倾斜、文字变形等。

在表现促销主题的电商UI设计中，通常使用笔画较粗的字体，如方正粗黑、方正谭黑、造字工房力黑、蒙纳超刚黑等。图4-9所示为电商UI设计中用于促销的字体应用。

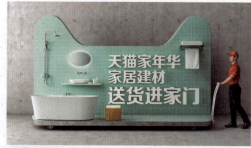

图4-9

4. 适合用于表现高端、奢侈的字体

关键词：简约、纤细、小、优美、干净利落。

如果需要表现商品的高档和奢侈感，在电商UI设计中可以使用笔画较细的字体，并且使用较小的字号，同时搭配一些英文，可以使界面更加时尚。图4-10所示为电商UI设计中表现高端、奢侈的字体应用。

图4-10

5. 适合用于表现文艺、民族风的字体

关键词：复古、优美、纤细等。

如果在电商UI设计中需要表现文艺、民族风的特点，则可以使用笔画较细的字体，如方正清刻本悦宋简体、方正启体简体等，还可以使用较小的字号，并且通常采用竖向排版。图4-11所示为电商UI设计中表现文艺、民族风的字体应用。

图4-11

4.1.4　设计家电宣传广告

本案例主要介绍如何设计一则家电宣传广告。使用色块分割画面背景，通过界面左右明度的对比来突出商品和主题的表现效果，主题文字采用细线字体，界面构成非常简约，给人一种高档感。

实战练习 01　设计家电宣传广告

视　频：资源包\视频\第4章\4-1-4.mp4　　源文件：资源包\源文件\第4章\4-1-4.psd

01 执行"文件>打开"命令，打开"资源包\源文件\第4章\素材\41401.jpg"素材文件，如图4-12所示。使用"钢笔"工具，在选项栏中设置"工具模式"为"形状"，设置"填充"的RGB值为(6,6,40)，在画布中绘制一个图形，并且设置该图层的"不透明度"为"90%"，效果如图4-13所示。

图4-12

图4-13

02 使用"横排文字"工具，在"字符"面板中设置相关参数，并且在画布中输入相应的文字，如图4-14所示。使用相同的制作方法，完成相似文字的制作，如图4-15所示。

图4-14　　　　　　　　　　　　图4-15

03 新建名称为"产品"的图层组，打开并拖入"资源包\源文件\第4章\素材\41402.png"素材文件，如图4-16所示。为该图层添加"投影"图层样式，在弹出的"图层样式"对话框中设置相关参数，如图4-17所示。

图4-16　　　　　　　　　　　　　　　图4-17

04 单击"确定"按钮，应用"投影"图层样式，效果如图4-18所示。复制"图层1"图层，得到"图层1拷贝"图层，清除该图层的图层样式，将"图层1拷贝"图层调整到"图层1"图层下方。执行"编辑>变换>水平翻转"命令，对"图层1拷贝"图层中的图形进行水平翻转操作，并且将其调整至合适的位置，如图4-19所示。

图4-18　　　　　　　　　　　　　　　图4-19

05 执行"图层>智能对象>转换为智能对象"命令，将"图层1拷贝"图层转换为智能对象图层，执行"滤镜>模糊>动感模糊"命令，弹出"动感模糊"对话框，参数设置如图4-20所示。单击"确定"按钮，应用"动感模糊"滤镜，效果如图4-21所示。

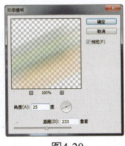

图4-20　　　　　　　　　　　　图4-21

06 为该图层添加图层蒙版，使用"画笔"工具，在选项栏中设置"前景色"为黑色，选择合适的笔触与大小，在画布中进行涂抹，如图4-22所示。使用相同的制作方法，拖入其他素材文件并添加"投影"图层样式，效果如图4-23所示。

图4-22　　　　　　　　　　　　　　　图4-23

07 复制"图层2"图层，得到"图层2拷贝"图层，清除该图层的图层样式。执行"编辑>变换>垂直翻转"命令，将"图层2拷贝"图层中的图形进行垂直翻转操作，并且将其调整到合适的位置，然后将"图层2拷贝"图层调整到"图层2"图层下方，如图4-24所示。为该图层添加图层蒙版，使用"画笔"工具，在选项栏中设置"前景色"为黑色，在图层蒙版中进行涂抹，设置该图层的"不透明度"为"90%"，如图4-25所示。

图4-24 图4-25

08 使用相同的制作方法，实现类似的图像效果，如图4-26所示。新建名称为"文字"的图层组，使用"直线"工具，在选项栏中设置"填充"的RGB值为(21,49,97)、"粗细"为"1像素"，在画布中绘制一条直线，如图4-27所示。

图4-26 图4-27

09 复制"形状2"图层，得到"形状2拷贝"图层，按快捷键Ctrl+T，调出自由变换框，将复制得到的直线向下移动，如图4-28所示。按住快捷键Ctrl+Shift+Alt，多次按T键复制并移动直线，效果如图4-29所示。

 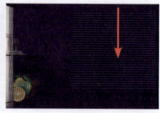

图4-28 图4-29

10 同时选中所有的直线图层，将选中的图层合并，为该图层添加图层蒙版，使用"渐变"工具，打开"渐变编辑器"窗口，设置从黑色到白色的渐变色，如图4-30所示。单击"确定"按钮，在图层蒙版中填充对称渐变色，效果如图4-31所示。

图4-30 图4-31

11 复制"形状2拷贝"图层，得到"形状2拷贝2"图层，提高该图层的亮度，效果如图4-32所示。新建图层，使用"画笔"工具，在选项栏中设置"前景色"的RGB值为(1,54,151)，选择合适的笔触与大小，在画布中进行涂抹，设置该图层的"不透明度"为"60%"，如图4-33所示。

图4-32　　　　　　　　　　　　　　　图4-33

12 使用"横排文字"工具，在"字符"面板中设置相关参数，在画布中输入相应的文字，如图4-34所示。打开并拖入"资源包\源文件\第4章\素材\41405.png"素材文件，为该图层添加剪贴蒙版，如图4-35所示。

图4-34　　　　　　　　　　　　　　　图4-35

13 使用相同的制作方法，打开并拖入其他素材文件，效果如图4-36所示。使用相同的制作方法，完成相似图形和文字的制作，效果如图4-37所示。

图4-36　　　　　　　　　　　　图4-37

14 将"文字"图层组调整到"产品"图层组下方，完成该家电宣传广告的设计与制作，最终效果如图4-38所示。

图4-38

4.2　文字的艺术化处理

文字是人们在长期生活中固化下来的一种图形符号，它已经在人们的意识中形成了一种常规认识。也就是说，只要将线条按照我们熟悉的结构组织到一起，就可以将其视为文字，而不再将其视为图形。阅读是文字的基本属性。

4.2.1　文字设计的图形化

实现字义与语义的功能及美学效应是文字的基本作用。文字的图形化是指既强调它的美学效应，又将文字作为符号性图形元素来表现，强化其原有的功能。为了能够更好地达到设计目标，设计者不仅可以按照常规的方式设置字体，还可以对字体进行艺术化设计，将文字图形化、意象化，以更富创意的形式表达深层的设计思想，这样不仅能够打动人心，还可以使页面不单调、不平淡。

图4-39所示为一幅促销电商海报，在该海报中使用毛笔书法文字表现海报主题，并且对文字进行图形化处理，使文字具有很强的视觉冲击力，搭配光影素材，可以表现出文字的质感。该广告画面与文字图形化处理的搭配恰到好处，将传统元素与现代元素结合，给人很强的视觉冲击力。

将折扣数字放大显示，突出表现商品的折扣

光影等素材的应用能够很好地表现出主题文字的质感

图4-39

4.2.2　文字的重叠设计

重叠是指根据版面设计的要求对文字、图像等不同的视觉元素进行重叠排版处理。文字与文字之间和文字与图像之间在经过重叠后，可以产生空间感、层次感、跳跃感、透明感、叙事感，从而使整个界面更加活跃、有生机、引人注目。尽管重叠排版处理会影响文字的可读性，但是它独特的页面效果能够给人带来独特的视觉享受。所以，它不仅广泛应用于传统的版式设计中，还广泛应用于电商UI设计中。图4-40所示为电商UI设计中文字的重叠排版处理。

图4-40

4.2.3　文字设计的整体性

在文字设计中，即使文字仅仅是一个品牌名称、词组或一句话，也应该将其作为一个整体来看待。将文字单独分开，一字一形互无关联，会降低文字图形的视觉强度，无法起到吸引用户视线的作用。因此，需要在字形、笔形、结构及手法等方面保持统一性。

　　其实，文字设计的整体性主要表现在笔形方面，即保持笔形的形状、大小、宽窄、方向的一致性。在段落文字设计中需要注意高度的统一。在文字段落结构方面，字与字之间应该互相穿插、互相补充。为了避免整个版面过于呆板，可以通过辅助图形将文字放在一起，形成一个整体，增强文字的趣味性，如图4-41所示。

使用倾斜的红色边框将文字放在一起，形成一个整体

使用红色矩形色块作为背景，突出文字部分；主体文字使用大号、较粗的字体，说明文字使用小号、较细的字体，从而突出重点

图4-41

4.2.4　让文字更易读

　　文字是帮助消费者获取商品信息的重要手段，因此文字的易读性和辨识性是电商UI设计的重点。

　　正确的文字和配色方案是好的视觉设计基础。界面中的文字受屏幕分辨率和浏览器的限制，但仍有一些通用的准则：文字必须清晰、可读、大小合适，文字的颜色和背景颜色有较强烈的对比，文字周围的设计元素不能对文字造成干扰。在图4-42所示的电商广告设计中，设计师对主题文字进行了图形化处理，使主题的表现更突出、文字更易读。

图4-42

　　在对电商UI中的文字进行排版时，需要注意以下几点。

- 应该避免字体过于黯淡导致的阅读困难。
- 字体颜色与背景颜色对比明显。
- 字体颜色不要太杂。
- 有链接的字体要有提示，最好采用默认链接样式。

- 标题和正文使用的字号有所区别。
- 英文和数字应该使用与中文字体和谐的字体。

4.2.5 设计质感变形广告文字

本案例主要介绍如何设计一个小家电商品的宣传广告。在该广告的设计与制作过程中，使用素材与光影表现出金属纹理质感，在设计广告主题文字时，对主题文字进行局部变形处理，对文字版式进行处理，对素材进行叠加，从而使主题文字表现出金属纹理质感。

实战练习 02 设计质感变形广告文字

视 频：资源包\视频\第4章\4-2-5.mp4　　源文件：资源包\源文件\第4章\4-2-5.psd

01 执行"文件>打开"命令，打开"资源包\源文件\第4章\素材\42501.jpg"素材文件，如图4-43所示。新建名称为"产品"的图层组，打开并拖入"资源包\源文件\第4章\素材\42502.png"素材文件，将其调整到合适的大小和位置，并且进行适当的旋转，如图4-44所示。

图4-43　　　　　　　　　　　　　　　　　　图4-44

02 新建"图层2"图层，使用"画笔"工具，在选项栏中设置"前景色"为白色，选择合适的柔角笔触，在商品图像的高光部分进行涂抹，如图4-45所示。设置该图层的"混合模式"为"叠加"，设置该图层的"不透明度"为"60%"，并且为该图层添加剪贴蒙版，效果如图4-46所示。

图4-45　　　　　　　　　　　　　　　　　　图4-46

提示　在商品图像的高光部分涂抹白色，并且设置其"混合模式"和"不透明度"，从而增强商品图像的高光效果。也可以使用"减淡"工具在商品图像的高光部分进行涂抹，从而提亮商品图像的高光部分。

03 添加"亮度/对比度"调整图层，在"属性"面板中对"亮度"和"对比度"进行设置，如图4-47所示。设置该调整图层的"混合模式"为"柔光"，设置该图层的"不透明度"为"65%"，为该图层添加剪贴蒙版，效果如图4-48所示。

图4-47　　　　　　　　　　　　　　　　　图4-48

04 添加"亮度/对比度"调整图层，在"属性"面板中对"亮度"和"对比度"进行设置，如图4-49所示。设置该调整图层的"不透明度"为"75%"，效果如图4-50所示。

图4-49　　　　　　　　　　　　　　　　　图4-50

 此处连续添加了两个"亮度／对比度"调整图层，为前一个"亮度／对比度"调整图层添加了剪贴蒙版，仅对商品图像进行调整，对后一个"亮度／对比度"调整图层的整个画面进行调整，使广告界面更加具有质感。

05 新建"图层3"图层，使用"画笔"工具，在选项栏中设置"前景色"的RGB值为(36,36,36)，选择合适的柔角笔触，在画布中合适的位置进行涂抹，如图4-51所示。为该图层添加剪贴蒙版，效果如图4-52所示。

图4-51　　　　　　　　　　　　　　　　　图4-52

06 打开并拖入"资源包\源文件\第4章\素材\42503.png"素材文件，设置该图层的"混合模式"为"变亮"，效果如图4-53所示。为该图层添加图层蒙版，在图层蒙版中填充黑白线性渐变色，效果如图4-54所示。

图4-53

图4-54

07 在"产品"图层组上方新建名称为"文案"的图层组，使用"横排文字"工具，在"字符"面板中设置相关参数，在画布中输入相应的文字，如图4-55所示。使用"横排文字"工具，选择文字"行"，在"字符"面板中设置相关参数，效果如图4-56所示。

图4-55

图4-56

08 为"行动自如"文字图层添加"投影"图层样式，在弹出的"图层样式"对话框中设置相关参数，如图4-57所示。单击"确定"按钮，应用"投影"图层样式，效果如图4-58所示。

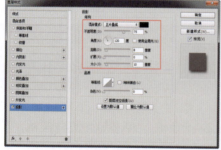
图4-57

图4-58

09 打开并拖入"资源包\源文件\第4章\素材\42504.jpg"素材文件，为该图层添加剪贴蒙版，为文字添加纹理，效果如图4-59所示。按住Ctrl键，单击"行动自如"文字图层缩览图，载入文字选区，如图4-60所示。

图4-59

图4-60

10 新建"图层6"图层，执行"编辑>描边"命令，弹出"描边"对话框，相关参数设置如图4-61所示。单击"确定"按钮，对文字选区进行描边操作，取消选区，效果如图4-62所示。

图4-61　　　　　　　　　　　图4-62

11 设置"图层6"图层的"混合模式"为"柔光"，并且为该图层添加剪贴蒙版，效果如图4-63所示。新建"图层7"图层，使用"画笔"工具，在选项栏中设置"前景色"为白色，选择合适的柔角笔触，在画布中合适的位置进行涂抹，并且为该图层添加剪贴蒙版，效果如图4-64所示。

图4-63　　　　　　　　　　　图4-64

12 添加"亮度/对比度"调整图层，在"属性"面板中对"亮度"和"对比度"进行设置，如图4-65所示。为该调整图层添加剪贴蒙版，效果如图4-66所示。

图4-65　　　　　　　　　　　图4-66

13 打开并拖入"资源包\源文件\第4章\素材\42503.png"素材文件，将其调整到合适的大小和位置，如图4-67所示。设置该图层的"混合模式"为"线性减淡（添加）"，设置该图层的"不透明度"为"60%"，效果如图4-68所示。

图4-67　　　　　　　　　　　图4-68

14 为"图层8"图层添加图层蒙版，使用"画笔"工具，在选项栏中设置"前景色"为黑色，在图层蒙版中进行涂抹，效果如图4-69所示。使用相同的制作方法，在画布中输入相应的文字，并且分别对文字进行相应的设置，效果如图4-70所示。

图4-69 图4-70

15 选择"纵享锋芒"文字图层，执行"文字>转换为形状"命令，将文字图层转换为形状图层，如图4-71所示。使用"直接选择"工具，选中文字路径上相应的锚点，拖动锚点对文字路径进行调整，效果如图4-72所示。

图4-71 图4-72

16 使用相同的文字制作方法，完成该文字效果的制作，效果如图4-73所示。使用相同的制作方法，输入其他文字并实现相应的文字效果，如图4-74所示。

图4-73 图4-74

17 在"文案"图层组上方添加"色彩平衡"调整图层，在"属性"面板中对"中间调"的相关参数进行设置，如图4-75所示。设置"色彩平衡"调整图层的"不透明度"为"25%"，效果如图4-76所示。

图4-75 图4-76

18 添加"色阶"调整图层，在"属性"面板中对"色阶"的相关参数进行设置，如图4-77所示，从而增强画面的对比度，效果如图4-78所示。

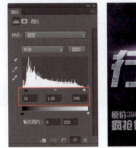

图4-77　　　　　　　　　　　　　　　　　　　图4-78

19 添加"曲线"调整图层，在"属性"面板中对"曲线"的相关参数进行设置，如图4-79所示，从而增强画面的对比度，效果如图4-80所示。

图4-79　　　　　　　　　　　　　　　　　　　图4-80

20 按快捷键Ctrl+Alt+Shift+E，盖印图层得到"图层17"图层，使用"锐化"工具，在画面中的商品和文字部分的合适位置进行涂抹，对画面进行锐化处理，最终效果如图4-81所示。

图4-81

4.3　电商广告的作用

　　广告与文字不同，它是一种视觉语言，广告的视觉冲击力要比文字强得多，所以它将设计的思想赋予形态，通过图形传达商品信息，使商品信息的传达更直接、立体，并且容易让人理解。

4.3.1　传达商品信息

　　电商广告设计的主要目的是传达商品信息。广告与文字一样，在电商UI中起着传达信息的作用。但是广告在形态上必须与商品的风格和传达的信息保持一致，虽然广告在传达信息上受面积、用色量等因素制约，但是广告本身所具有的诸多优势（如直观性、丰富性等）可以让其与文字等结合在一起，从而更好地传达商品信息。图4-82所示为设计精美的电商广告。

图4-82

4.3.2 增强艺术表现

广告是提升商品信息传达效率的重要因素，因此图形的形态结构会直接影响商品信息传达的效果。具有较高视觉美感的广告更容易引起消费者心理上的共鸣，从而促使消费者接受所传达的商品信息，而根据不同的审美观，人们对广告形态的选择也不相同，这就需要展现广告的艺术性了。广告的艺术性是将色彩、图像等通过点、线、面进行排列组合，同时运用象征、比喻、夸张等手法来展现的，这种展现手法可以满足大部分人的审美需求。

在提倡设计个性化、多元化的今天，电商广告应该具有独特的设计方式，设计者要勇于创新，敢于冲破通俗的广告表现方式，才能提高广告的视觉冲击力，从而达到与众不同的效果，给浏览者以过目不忘的视觉体验。

图4-83所示为一款女装的宣传广告设计，将模特与图形巧妙地结合在一起，画面的颜色与模特衣服的颜色互相呼应，运用对比色调的标签图形设计来突出主题内容，整个画面给人新潮、活泼、轻松的感觉。

运用标签图形设计将主题内容组合在一起，给人直观的感受

条纹状图形能够有效地增强画面的空间感

图4-83

图4-84所示为一款运动鞋的宣传广告设计，生动的文字搭配上商品，既表达了广告的主题内容，又使广告更加有趣，能够给浏览者留下深刻的印象。而且广告中的文字采用了夸张的手法，可以更好地表现文字效果，从而吸引消费者的注意。

主题文字的创意设计是该广告的表现要点，将主题文字设计为与藤蔓相连，从而带来很好的视觉效果

图4-84

4.3.3 增强界面趣味

如果一个商品介绍界面中叙述性文字较多，内容比较充实，但过于单调和死板，没有吸引力，则可以通过添加精美的商品图片加以改善，从而达到调和的效果；如果一个界面中的内容并不丰富，则可以使用商品图片充实界面，使界面焕发活力，也让界面传达的商品信息通过这种趣味性传播出去。

在图4-85所示的电商广告设计中，设计师使用卡通的方式表现广告内容，能够给人留下深刻的印象；在广告中运用幽默和带有爱意的广告语，可以吸引消费者的注意力，并且给消费者带来愉悦的心情。

亲切幽默和带有爱意的广告语会给人眼前一亮的感觉，让消费者在浏览时带有愉悦的心情，提高消费者对该商品的好感度

品牌Logo

商品图片

图4-85

4.3.4 设计运动鞋广告

本案例主要介绍如何设计一个运动鞋宣传广告。使用高饱和度的红橙色与蓝色作为背景色，并且倾斜划分背景，从而表现出强烈的视觉冲击感；将运动鞋商品放置在画面的中间位置，从而突出商品的表现效果；添加简洁的文字内容，对文字内容进行对齐排版处理，使广告简洁、直观、视觉冲击力强。

实战练习 03　设计运动鞋广告

视　频：资源包\视频\第4章\4-3-4.mp4　　源文件：资源包\源文件\第4章\4-3-4.psd

01 执行"文件>新建"命令，弹出"新建"对话框，参数设置如图4-86所示，单击"确定"按钮，新建一个空白文档。使用"渐变"工具，打开"渐变编辑器"窗口，设置渐变色的相关参数，如图4-87所示，单击"确定"按钮，完成渐变色的设置。

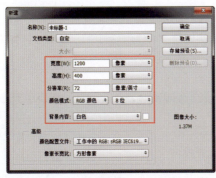

图4-86　　　　　　　　　　　　　　图4-87

02 新建"图层1"图层，在画布中按住鼠标左键并拖动鼠标，为其填充线性渐变色，效果如图4-88所示。使用"钢笔"工具，在选项栏中设置"工具模式"为"路径"，在画布中绘制一条路径，如图4-89所示。

图4-88   图4-89

03 按快捷键Ctrl+Enter，将路径转换为选区，如图4-90所示。使用"渐变"工具，打开"渐变编辑器"窗口，设置渐变色的相关参数，如图4-91所示，单击"确定"按钮，完成渐变色的设置。

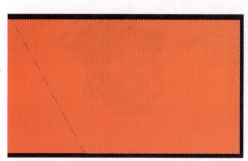

图4-90   图4-91

04 新建"图层2"图层，在选区中按住鼠标左键并拖动鼠标，为其填充线性渐变色，效果如图4-92所示。使用"椭圆选框"工具，在画布中绘制一个椭圆形选区，如图4-93所示。

   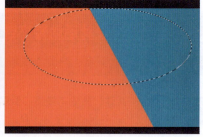

图4-92   图4-93

05 执行"选择>修改>羽化"命令，在弹出的"羽化选区"对话框中设置"羽化半径"为"150像素"，单击"确定"按钮，羽化椭圆形选区，如图4-94所示。新建"图层3"图层，设置"前景色"为白色，按快捷键Alt+Delete，为椭圆形选区填充前景色，效果如图4-95所示。

图4-94   图4-95

06 按快捷键Ctrl+D，取消椭圆形选区，设置"图层3"图层的"不透明度"为"60%"，效果如图4-96所示。打开并拖入"资源包\源文件\第4章\素材\43401.png"素材文件，将商品图像调整到合适的位置，自动生成"图层4"图层，如图4-97所示。

图4-96 图4-97

07 使用"椭圆选框"工具，在画布中绘制一个椭圆形选区，如图4-98所示。执行"选择>修改>羽化"命令，在弹出的"羽化选区"对话框中设置"羽化半径"为"10像素"，单出"确定"按钮，羽化椭圆形选区，新建"图层5"图层，为椭圆形选区填充黑色，如图4-99所示。

图4-98 图4-99

08 按快捷键Ctrl+D，取消椭圆形选区，将"图层5"图层调整至"图层4"图层下方，效果如图4-100所示。为"图层5"图层添加图层蒙版，在图层蒙版中填充黑白线性渐变色，设置该图层的"不透明度"为"65%"，效果如图4-101所示。

图4-100 图4-101

09 使用"横排文字"工具，在"字符"面板中设置相关参数，在画布中输入相应的文字，如图4-102所示。使用相同的制作方法，在画布中输入其他文字，效果如图4-103所示。

图4-102   图4-103

10 使用"椭圆"工具，在选项栏中设置"工具模式"为"形状"，设置"填充"为白色，设置"描边"为"无"，按住Shift键，在画布中绘制一个正圆形，如图4-104所示。使用"自定形状"工具，在选项栏中设置"填充"的RGB值为(27,143,168)，在"形状"下拉列表中选择合适的形状，在画布中绘制相应的图形，效果如图4-105所示。

图4-104   图4-105

11 完成该运动鞋广告的设计与制作，最终效果如图4-106所示。

图4-106

4.4 电商广告排版布局技巧

  电商广告中通常会包含商品图片、文字等关键元素，这些元素的排版布局对该广告设计是否成功有很深的影响。在广告画面中，每个元素的存在及摆放位置都有它的道理，本节主要介绍电商广告排版布局的相关技巧。

4.4.1 对齐

对齐是最常见、最基础的排版布局方式之一。在电商广告设计中，对齐排版布局方式非常普遍。图4-107所示为对广告画面中的文字运用左对齐或右对齐的方式进行排版布局的广告设计。

图4-107

大家可以翻看一下身边的书籍、杂志、报纸等，大部分文字排版布局都会应用对齐。对齐排版布局方式会有一道看不见的线，这条线平行于广告的边缘，与广告的边缘相呼应，将所有广告文案自然地串联到一起，给人稳重、统一、有力、整齐的感觉，如图4-108所示。

图4-108

在生活中，房地产和珠宝广告常常采用居中对齐排版布局方式。居中对齐排版布局方式会给人正式、大气、高端的感觉。图4-109所示为居中对齐排版布局方式在电商广告中的应用。

图4-109

在电商广告中使用对齐排版布局方式时，通常会将文案直接设计在商品前方，使文案和后面的商品营造出一前一后的层次感，在设计的过程中还可以添加一些光效，从而提升整个广告画面的空间感，如图4-110所示。

图4-110

4.4.2 对比

人们通常都不喜欢看平淡无奇、千篇一律的东西，有对比的画布更能吸引人们的目光。在电商广告设计中，使用对比排版布局方式可以有效地增强广告画面的视觉效果。

在图4-111所示的时尚女装广告中就采用了色彩对比的表现技巧，使用黑色作为广告画面的背景色，而模特的上衣为鲜艳的黄色，搭配黄色的图形与文字，与黑色背景形成非常强烈的对比，从而有效地突出商品和广告文案的表现效果，并且整体画面给人一种年轻、个性的印象。

图4-111

电商广告设计中经常使用的对比排版布局方式有虚实对比、冷暖对比、字体大小和粗细对比、疏密对比等。

1. 虚实对比

在广告设计中运用虚实对比可以让人产生特别强烈的空间感。远虚近实是现实中的视觉规律，要在电商广告中体现出这种远和近的层次感，一方面可以通过减少图形的色彩层次、降低图形的饱和度来实现；另一方面可以将图形模糊，使其接近背景色，即图形的影调，使浏览者产生遥远的感觉。影调是指图形的调子，图形的调子包括明度的高低、亮度的高低和对比度的高低，这些因素结合起来决定了人们对图形的整体视觉感受。

图4-112所示为一个女鞋电商广告设计，虚化的背景与清晰的商品形成对比，使人的目光聚焦在商品上，从而突出商品。

图4-112

2. 冷暖对比

广告中的冷暖对比主要是指色彩的冷暖对比。在广告画面中使用冷暖对比可以使画面显得活泼、悦目，同时，冷暖对比越强烈，视觉刺激感越强。当画面中的冷暖色的面积及饱和度相等时，画面的冷暖对比较直接、强烈，但画面效果会显得单调，这时可以通过降低它们的饱和度或明度，使它们互相融合形成新的灰色来调整画面的色调，从而使广告的层次更丰富。

图4-113所示为一个时尚女装电商广告设计，在该广告设计中采用了色彩冷暖对比的表现方法，使用明度较高的浅蓝色作为画面背景主色调，模特服装采用深蓝色，为广告主题文字搭配高饱和度的黄色圆形背景，与背景的浅蓝色形成冷暖对比，从而有效突出广告主题文字，使广告画面更时尚、个性，视觉效果更强烈。

图4-113

3. 字体大小和粗细对比

字体大小对比是文字组合的基础。大字能够给人强有力的视觉感受；小字精巧柔和，但不像大字那样给人力量感。将大小文字进行合理的搭配，可以产生生动、活泼的对比关系。

文字大小对比幅度越大，越能突出其各自的特征，大字体刚劲有力，小字体小巧精致；文字大小对比幅度越小，越能给人一种舒畅、平和、安定的感觉。图4-114所示为字体大小对比在电商广告中的应用。

字体粗细对比是刚与柔的对比，粗字体给人一种强壮、刚劲、厚重的感觉，细字体则给人一种纤细、柔弱、活泼的感觉。在同一行文字中运用文字粗细对比表现方法的对比度最强烈。在通常情况下，如果要表现主题内容，则使用粗字体。在文字排版过程中，粗细字体运用的比例不同，会实现不同的效果。粗字少细字多，容易取得平衡，给人以新颖、明快的感觉。图4-115所示为字体粗细对比在电商广告中的应用。

字体大小对比，突出主题，增强表现力　　　字体粗细对比，突出广告文案中的重点

图4-114　　　　　　　　　　　　　　　图4-115

图4-116所示为一个生鲜食品的电商广告设计，广告整体采用对比排版布局方式，将所有的广告文案自然地串联到一起，给人一种稳重、统一、有力、整齐的感觉。在广告文案部分充分运用了对比（文字

大小、粗细的对比及文字颜色的对比），使广告画面在视觉感官和阅读层次上都很有条理性，从而突出广告的表现效果。

使用标签的形式突出显示包邮信息

运用分组的方式将赠送信息内容放置在一起，显得有条理

图4-116

4. 疏密对比

疏密对比是指文字之间及文字与界面之间的对比。疏密对比同样具有大小对比、明暗对比的效果，但是通过疏密对比更能表现设计师的设计意图。

图4-117所示为一个采用中国风设计风格的化妆品电商广告设计。主题文字使用大号字体，文字排版比较疏松，并且对文字进行了适当的变形处理，使主题文字更加优美；说明文字使用小号字体，文字排版比较密集，给人一种整体感。主题文字的疏与说明文字的密形成对比，体现出文字排版的美观、雅致。

图4-117

4.4.3 分组

当广告中的文案内容过多时，设计师可以将文案分组，将相同信息的文案内容分为一组，从而使广告画面美观且富有条理性，更加有利于消费者阅读。图4-118和图4-119所示为将广告中的文字进行分组的设计效果。

图4-118

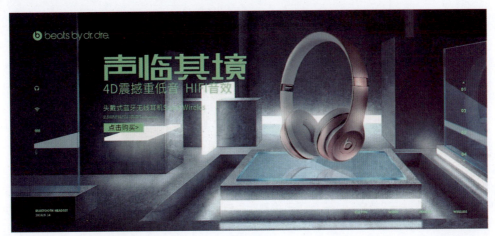

图4-119

4.4.4　设计小家电宣传广告

本案例主要介绍如何设计一个小家电宣传广告。通过对背景运用条纹状图形处理，使广告画面具有强烈的空间感和立体感，在画面中添加商品图像并对添加的文案内容进行排版，使广告画面给人一种时尚、靓丽、富有空间感的印象。

实战练习 04　设计小家电宣传广告

视　频：资源包\视频\第4章\4-4-4.mp4　　　源文件：资源包\源文件\第4章\4-4-4.psd

01 执行"文件>新建"命令，弹出"新建"对话框，参数设置如图4-120所示，单击"确定"按钮，新建一个空白文档。设置"前景色"的RGB值为(1,156,231)，为画布填充前景色，如图4-121所示。

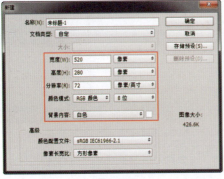

图4-120

图4-121

02 新建名称为"背景"的图层组，使用"矩形"工具，在选项栏中设置"工具模式"为"形状"，设置"填充"的RGB值为(249,248,99)，在画布中绘制一个矩形，如图4-122所示。使用"添加锚点"工具，在刚绘制的矩形边缘添加锚点，使用"直接选择"工具，选中矩形左下角的锚点，拖动该锚点调整图形形状，如图4-123所示。

图4-122   图4-123

03 使用相同的制作方法，完成相似图形的绘制，效果如图4-124所示。使用"直线"工具，在选项栏中设置"粗细"为"2像素"，在画布中绘制一条白色的直线，设置该图层的"混合模式"为"叠加"，设置该图层的"不透明度"为"40%"，效果如图4-125所示。

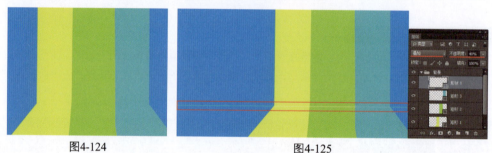

图4-124   图4-125

04 新建"图层1"图层，使用"画笔"工具，设置"前景色"为白色，选择合适的笔触并设置其不透明度，在画布中的合适位置进行涂抹，效果如图4-126所示。设置该图层的"混合模式"为"叠加"，设置该图层的"不透明度"为"80%"，效果如图4-127所示。

图4-126   图4-127

05 新建"图层2"图层，使用"矩形选框"工具，在画布中绘制一个矩形选区，如图4-128所示。使用"渐变"工具，打开"渐变编辑器"窗口，设置从黑色到透明的渐变色，如图4-129所示。

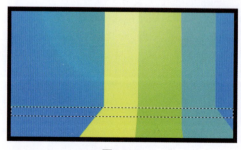

图4-128   图4-129

06 在完成渐变色的设置后，在选区中按住鼠标左键并拖动鼠标，为其填充线性渐变色，取消选区，设置该图层的"不透明度"为"20%"，效果如图4-130所示。添加"色阶"调整图层，在"属性"面板中对相关参数进行设置，设置该图层的"不透明度"为"80%"，效果如图4-131所示。

图4-130　　　　　　　　　　　　　　　图4-131

07 新建名称为"装饰"的图层组，使用"钢笔"工具，在选项栏中设置"填充"的RGB值为(59,239,253)，在画布中绘制所需的图形，如图4-132所示。使用相同的制作方法，完成相似图形的绘制，效果如图4-133所示。

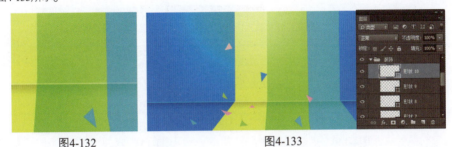

图4-132　　　　　　　　　　　图4-133

08 新建名称为"商品"的图层组，打开并拖入"资源包\源文件\第4章\素材\44401.png"素材文件，如图4-134所示。复制"图层3"图层，得到"图层3拷贝"图层，载入"图层3拷贝"图层选区，并且为该选区填充黑色，取消选区，如图4-135所示。

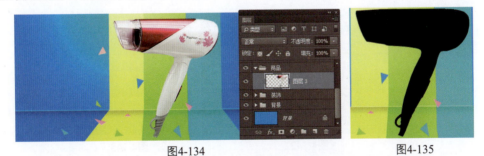

图4-134　　　　　　　　　　　　图4-135

09 执行"滤镜>模糊>高斯模糊"命令，弹出"高斯模糊"对话框，参数设置如图4-136所示。单击"确定"按钮，应用"高斯模糊"滤镜。对该图像进行斜切操作并将其调整到合适位置，将该图层调整至"图层3"图层下方，并且设置"不透明度"为"20%"，效果如图4-137所示。

图4-136　　　　　　　　　图4-137

10 为该图层添加图层蒙版，使用"渐变"工具，在图层蒙版中填充黑白线性渐变色，效果如图4-138所示。使用相同的制作方法，在商品图像上绘制相应的高光图形，用于提亮商品图像，效果如图4-139所示。

图4-138　　　　　　　　　　　　　　图4-139

11 新建名称为"文字"的图层组，打开并拖入"资源包\源文件\第4章\素材\44402.png"素材文件，如图4-140所示。使用"横排文字"工具，在"字符"面板中设置相关参数，在画布中输入相应的文字，如图4-141所示。

图4-140　　　　　　　　　　　　图4-141

12 新建"图层7"图层，使用"画笔"工具，在选项栏中设置"前景色"为白色，选择合适的笔触，在画布中进行涂抹，设置该图层的"不透明度"为"70%"，为该图层添加剪贴蒙版，如图4-142所示。使用相同的制作方法，完成相似文字效果的制作，效果如图4-143所示。

图4-142　　　　　　　　　　　　图4-143

13 使用相同的制作方法，完成其他图形的绘制并输入相应的文字，如图4-144所示。在"文字"图层组上方添加"色阶"调整图层，在"属性"面板中对"色阶"相关参数进行设置，如图4-145所示。

图4-144　　　　　　　　　　　　图4-145

14 应用"色阶"调整图层，效果如图4-146所示。按快捷键Ctrl+Alt+Shift+E，盖印图层得到"图层8"图层，执行"滤镜>锐化>USM锐化"命令，弹出"USM锐化"对话框，参数设置如图4-147所示。

图4-146　　　　　　　　　　　　　图4-147

15 单击"确定"按钮，应用"USM锐化"滤镜，进而完成该小家电宣传广告的设计与制作，最终效果如图4-148所示。

图4-148

4.5　电商广告设计原则

　　广告是商品宣传和表现的一种常用手段，无论是在平面设计中，还是在电商UI设计中，广告无处不在。出色的电商广告不但要求设计精美，还要求能够突出表现广告的主题内容，使浏览者过目不忘。这就要求设计师在电商广告的设计过程中遵循一定的设计原则。

4.5.1　突出广告主题

1.　明确广告主题

　　电商广告是对商品的展示，必须有一个明确的主题，所有的广告设计元素都必须围绕这个主题展开。电商广告的主题一般是价格、折扣和其他促销内容，这些信息应该是放在视觉焦点上、需要被突出和放大的元素。

　　在图4-149所示的电商广告中，5折是该电商广告的第一主题，所以将"5"字放到最大，使其表现突出和醒目，画布中的所有元素都指向这个主题。

主题文字使用
超大号字体突
出显示，并且
使用对比色使
主题的表现非
常醒目

图4-149

2. 注意信息层次

电商广告对商品的展示是分层次的，与语言逻辑一样，设计逻辑也是按层次结构展开的，如图4-150所示。

（1）人的本能是先看人脸，广告中的人脸是吸引目光的手段

（2）折扣信息为第一层信息，突出表现该层信息

（3）推荐商品为第二层信息

（5）暗示信息为第四层信息

（4）辅助信息为第三层信息

图4-150

在进行电商广告设计时，可以根据需要表达的内容的重要性决定信息传递的层次。第一层信息和第二层信息属于主要信息，需要被客户阅读；第三层及之后的信息属于次要信息，对主要信息的表达起辅助作用。在图4-150中的电商广告中，人物头上的帽子、背景场景等都属于次要信息，不会被客户直接注意，用于辅助主要信息的表达。

3. 形式不能大于内容

在图4-151所示的两个电商广告中，你会用多少时间来做上面的广告，用多少时间来做下面的广告？哪个广告的促销力度更大？为什么5折看起来比3折更便宜？在下面的电商广告中，设计师为了炫耀特效文字效果，将最主要的信息弱化了。设计师一定要注意，形式不能大于内容。

更大的面积，更粗的字体和高对比是强化主题的基本手段

过多修饰会减弱信息传达效果，过多细节会对主题造成干扰

图4-151

4. 多主题的表现方式

在图4-152所示的节日促销活动广告中，多个主题要分清主次关系，将次要信息降到第二层级，避免平均分配造成主要信息弱化。

主题信息为第一层级

次要信息为第二层级

图4-152

4.5.2　明确电商广告的目标人群

不同目标人群的审美标准不同。在电商广告的设计过程中，需要针对不同的目标人群采用不同的设计风格。

在图4-153所示的两张女鞋商品宣传广告中，采用了相似的排版布局方式，但一个主要针对成熟女性群体，另一个主要针对年轻女性群体，所以在字体、颜色和细节上都使用了不同的表现方式。

面向成熟女性，使用粗体文字，并且文字颜色使用金色，使广告画面显得庄重、大气

面向年轻女性，粉红色背景搭配洋红色文字，并且对文字进行了变形处理，使广告画面显得活泼、可爱

图4-153

在电商广告的设计过程中通常会用到模特图片，特别是服饰类的商品广告，心理学上的投射效应告诉我们，要让消费者将自己想象成画面上的模特，在模特的选择上需要应用这个原理。

在图4-154所示的两张电商广告中，针对不同的商品特征选用了不同类型的模特。投射心理要求模特的选择要符合目标人群的心理期望年龄。

图4-154

4.5.3 完美的表现形式

1. 色彩

不同的色彩能够表现不同的情感，而色彩的对比可以增加广告画面的空间感。控制色彩的一个简单方法是使用不超过3种色彩进行搭配。如果使用3种色彩，则按照6：3：1的比例进行配置，即3种颜色的面积比为6：3：1。

在图4-155所示的化妆品宣传广告中，采用对比的配色方式，使用青蓝色的图片作为广告背景，为广告中的主题内容搭配高饱和度的黄色背景色块，与青蓝色的背景图片形成强烈的对比，从而突出画面中广告主题文字的表现效果及广告的视觉效果。

为广告主题内容搭配与广告背景呈现对比效果的背景色块，这是一种简单实用的对比突出的表现方法

图4-155

2. 文字

文字不仅是语言信息的载体，而且是一种具有视觉识别特征的符号。通过对文字进行图形化的艺术处理，不仅可以表达语言本身的含义，还可以以视觉形象的方式传递语言之外的信息。在图4-156所示的电商广告中，对主题文字进行艺术化处理，从而使广告主题更加突出。

字体越粗、越大，视觉效果越明显

图4-156

在进行电商广告设计时，文字的字体、规格及排版布局相当于文字的辅助表达手段。对文字进行图形化处理，是对文字本身含义的一种延伸性的阐述，文字视觉形态的大小、曲直、排列疏密、整齐度等不同，给浏览者的感受不同。

3. 标签

在进行电商广告设计时，经常会使用标签，如价格标签、促销标签等，这些标签的设计应该符合商品的特点。

在图4-157所示的两个电商广告中，第一个广告中的标签简洁、明快，与商品简洁大方的风格相得益彰，第二个广告中的标签具有文化暗示的作用。

简洁、明快的标签，更加醒目   增加文化暗示的标签

图4-157

4. 引导

明确的按钮和箭头会对消费者产生不可低估的心理暗示，在电商广告中加入按钮，可以暗示消费者进行点击，如图4-158所示。

在广告中加入明确的按钮和箭头，可以有效地暗示消费者进行点击

图4-158

5. 氛围

电商广告的氛围依赖于细节的表现。图4-159所示为营造电商广告氛围的过程。

普通的商品广告，广告中商品、标题、广告语等元素都已经有了，但是缺少氛围   为背景添加一些光照效果和质感纹理，并且为商品添加镜面投影效果，丰富广告的细节表现

图4-159

6. 对比和夸张

对比和夸张的应用往往能吸引消费者的注意。在图4-160所示的运动服饰广告中，使用无彩色插画与高饱和度的红色作为广告背景，形成强烈的对比，运动服饰商品则采用了夸张的表现形式，从而使广告画面具有强烈的视觉冲击力。

图4-160

7. 取舍

取舍往往是一个艰难的过程，有的设计师希望一个广告大而全，但其实这种方法是最无效的。广告创意过程是先做加法再做减法的过程，能否"舍"决定了能否"得"。

4.5.4　设计化妆品宣传广告

本案例主要介绍如何设计一个化妆品宣传广告。在设计该化妆品宣传广告时，将多种素材图像进行叠加处理，从而突出表现海洋的广告背景氛围；将商品图像进行复制旋转，通过多个商品图像的叠加来强化商品形象；使用竖排文字表现广告文案内容，从而营造出传统与浪漫相结合的艺术氛围。

实战练习 05	设计化妆品宣传广告
	视　频：资源包\视频\第4章\4-5-4.mp4　　源文件：资源包\源文件\第4章\4-5-4.psd

01 执行"文件>新建"命令，弹出"新建"对话框，参数设置如图4-161所示，单击"确定"按钮，新建一个空白文档。新建名称为"背景"的图层组，打开并拖入"资源包\源文件\第4章\素材\45401.jpg"背景素材文件，将其调整到合适的大小和位置，如图4-162所示。

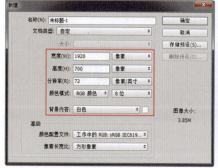

图4-161　　　　　　　　　　　　　　　　图4-162

02 打开并拖入"资源包\源文件\第4章\素材\45402.png"素材文件，将其调整到合适的大小和位置，如图4-163所示。使用相同的制作方法，打开并拖入其他素材文件，并且调整其大小和位置，如图4-164所示。

图4-163

图4-164

03 打开并拖入"资源包\源文件\第4章\素材\45401.jpg"素材文件，将其调整到合适的位置，如图4-165所示。为该图层添加图层蒙版，使用"画笔"工具，在选项栏中设置"前景色"为黑色，在图层蒙版中进行涂抹，并且设置该图层的"不透明度"为"35%"，如图4-166所示。

图4-165

图4-166

04 在"背景"图层组上方新建"产品"图层组，打开并拖入"资源包\源文件\第4章\素材\45406.png"商品图像素材文件，如图4-167所示。复制"图层7"图层，得到"图层7拷贝"图层，按快捷键Ctrl+T，对复制得到的图像进行缩放和旋转操作，将该图层移至"图层7"图层下方，设置其"不透明度"为"50%"，效果如图4-168所示。

图4-167

图4-168

提示 此处可以首先对复制得到的图像进行等比例缩小操作，再将变换中心点定位到商品右下角的位置（如果没有定位变换中心点位置，那么采用默认的变换中心点位置，即变换框的中心），然后进行旋转操作，最后将该图像调整到合适的位置。

05 使用相同的制作方法，完成相似图像效果的制作，如图4-169所示。复制"图层7"图层，得到"图层7拷贝2"图层，将复制得到的图像垂直翻转并向下移至合适的位置，为该图层添加图层蒙版，使用"渐变"工具，在图层蒙版中填充黑白线性渐变色，效果如图4-170所示。

图4-169　　　　　　　　　　　　　　　图4-170

06 打开并拖入"资源包\源文件\第4章\素材\45407.png"素材文件，并且将其调整到合适的位置，将该图层移至"图层7"图层下方，如图4-171所示。为该图层添加"投影"图层样式，在弹出的"图层样式"对话框中设置相关参数，如图4-172所示。

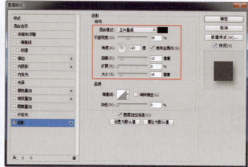

图4-171　　　　　　　　　　　　　　　图4-172

07 单击"确定"按钮，应用"投影"图层样式，效果如图4-173所示。打开并拖入"资源包\源文件\第4章\素材\45408.jpg"素材文件，将其调整到合适的大小和位置，如图4-174所示。

图4-173　　　　　　　　　　　　　　　图4-174

08 为该图层添加图层蒙版，使用"画笔"工具，在选项栏中设置"前景色"为黑色，在图层蒙版中进行涂抹，效果如图4-175所示。复制"图层1"图层，得到"图层1拷贝"图层。将"图层1拷贝"图层移至所有图层上方，为该图层添加图层蒙版，在图层蒙版中进行涂抹，并且设置该图层的"不透明度"为"35%"，效果如图4-176所示。

图4-175 图4-176

在使用"画笔"工具对图层蒙版进行涂抹时，可以根据涂抹的需要随时调整笔触的大小和不透明度，并且在将图像放大后，需要对图像的细节部分进行精细的涂抹处理，这样才能得到比较融合的效果。

09 在"产品"图层组上方新建名称为"文案"的图层组，使用"横排文字"工具，在"字符"面板中设置相关参数，在画布中输入文字"润白"，如图4-177所示。选中"白"字，在"字符"面板中设置相关参数，效果如图4-178所示。

图4-177 图4-178

10 为"润白"文字图层添加"外发光"图层样式，在弹出的"图层样式"对话框中设置相关参数，如图4-179所示。单击"确定"按钮，应用"外发光"图层样式，效果如图4-180所示。

图4-179 图4-180

11 使用"直排文字"工具，在"字符"面板中设置相关参数，在画布中输入相应的文字，如图4-181所示。使用"直线"工具，在选项栏中设置"填充"为黑色、"描边"为"无"、"粗细"为"1像素"，在画布中绘制一条直线，如图4-182所示。

图4-181   图4-182

12 为该图层添加图层蒙版，使用"画笔"工具，在选项栏中设置"前景色"为黑色，在图层蒙版中进行涂抹，效果如图4-183所示。将"形状1"图层复制多次，分别将复制得到的直线调整到合适的位置，效果如图4-184所示。

图4-183   图4-184

13 打开并拖入其他素材文件，并且调整其大小和位置，对广告画面进行点缀，完成该化妆品宣传广告的设计与制作，最终效果如图4-185所示。

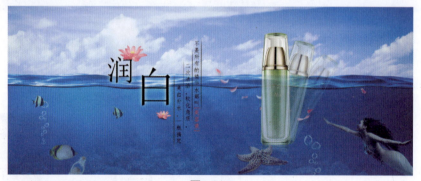

图4-185

4.6 本章小结

　　文字和广告都是电商UI中非常重要的元素，主要用于更好地表现商品的性能和特点。本章向读者详细介绍了电商UI中文字和广告的设计表现方法及排版布局规则，并且通过案例的设计与制作，详细讲解了常见的文字和广告设计表现方法。

第5章　电商海报设计

海报的作用是为达到某种目的而进行的宣传，也就是说，海报是一种宣传工具。如今，电商竞争越来越激烈，如何获得消费者的关注是所有商家关注的问题，电商海报就起到了吸引消费者目光的作用。本章主要向读者介绍电商海报设计的相关基础知识，使读者理解并掌握电商海报的构图方式和表现形式，并且通过案例制作讲解电商海报设计的方法和技巧。

5.1　电商海报的类型

电商海报主要用于进行电商宣传，电商可以通过海报将自己的商品或活动以视觉方式传递给消费者。优秀的电商海报能够有效吸引消费者的注意，从而起到提高销售业绩的作用。根据电商海报所需表现的主题，可以将电商海报大致分为3种类型，分别是商品宣传海报、促销宣传海报和活动宣传海报。

5.1.1　商品宣传海报

商品宣传海报的宣传对象是某种商品或服务，其宣传目的是在短期内迅速提高销售量，创造经济效益，它是电商UI中常见的海报表现形式。

设计商品宣传海报要求客观、准确，通常采取写实的表现手法，并且突出商品的显著特征，从而激发消费者的购买欲望。图5-1所示为典型的商品宣传海报。

图5-1

图5-2所示为太阳镜商品宣传海报，商品占整个海报画面的三分之二，用于凸显商品，左侧是传统而经典的太阳镜，右侧是炫丽的现代流行的太阳镜，二者对比，形成鲜明的反差，更能吸引浏览者的关注。

使用横排文案，与画面整体布局统一，突出海报内容

左侧为黑色边框的经典款太阳镜，体现经典商品

右侧为白色边框的现代风格太阳镜，体现商品的潮流与时尚感

图5-2

5.1.2 促销宣传海报

促销宣传海报与商品宣传海报类似，主要区别在于促销宣传海报突出商品的促销信息，通常会使用大字体或特殊颜色来表现促销的折扣等关键性内容，从而吸引消费者。图5-3所示为典型的促销宣传海报。

图5-3

不同节日的促销宣传海报需要体现不同节日的特点。图5-4所示为五一促销宣传海报，该海报洋溢着春天的欢乐气息，在海报主题的处理上，使用正圆形来组织海报主题内容，搭配合适的文字与素材，从而有效地突出主题，使整个海报看起来清新、自然、主题突出。

五月是春意盎然的月份，运用蓝天、白云、草地等素材构成大自然的场景

海报的主题部分通过一个正圆形巧妙地组织在一起，从而有效地突出主题

图5-4

5.1.3　活动宣传海报

　　活动宣传海报的宣传对象为有具体时间和内容的商品促销或推广等商业活动，要求信息的传达准确、完整，其宣传的目的是扩大活动的影响力，从而吸引更多消费者。图5-5所示为典型的活动宣传海报。

图5-5

　　图5-6所示为母亲节活动宣传海报，该海报将商品和主题直接展示在海报画面中，使用玫瑰红作为主题颜色，烘托出温馨的氛围，使消费者对所宣传的商品产生强烈的好奇。

简单的广告宣传文案，说出消费者的心声

直接对商品进行展示，能够给消费者直观的印象

图5-6

5.1.4 设计手表商品宣传海报

本案例主要介绍如何设计一个手表商品宣传海报。在海报画面中直接展示该手表商品，并且通过城市夜景图片背景来衬托手表商品的表现效果，将商品图片与主题文字相结合，直观地表现海报的主题，使用三角形将海报的主题文字集中在一起，给人很强的整体感。

实战练习 01	设计手表商品宣传海报
	视 频：资源包\视频\第5章\5-1-4.mp4 源文件：资源包\源文件\第5章\5-1-4.psd

01 执行"文件>新建"命令，弹出"新建"对话框，参数设置如图5-7所示，单击"确定"按钮，新建一个空白文档。新建名称为"背景"的图层组，打开并拖入"资源包\源文件\第5章\素材\51401.jpg"背景素材文件，将其调整到合适的大小和位置，如图5-8所示。

图5-7

图5-8

02 添加"色相/饱和度"调整图层，在"属性"面板中设置相关参数，如图5-9所示。应用"色相/饱和度"调整图层，可以看到相应的背景效果，如图5-10所示。

图5-9

图5-10

03 添加"可选颜色"调整图层，在"属性"面板中设置"颜色"为"黄色"，并且设置其他相关参数，如图5-11所示。应用"可选颜色"调整图层，可以看到相应的背景效果，如图5-12所示。

图5-11

图5-12

使用调整图层对下方图层中的图像进行调整，可以在不修改下方图层中图像像素的情况下调整其色调，并且在删除调整图层后，可以使下方图层中的图像恢复原样。在设计过程中建议使用调整图层的方式对图像进行调整。

04 在"背景"图层组上方新建名称为"产品"的图层组，打开并拖入"资源包\源文件\第5章\素材\51402.png"商品图像素材文件，并且将其调整到合适的大小和位置，如图5-13所示。复制"图层2"图层，得到"图层2拷贝"图层，将复制得到的图像进行放大及旋转操作，将其调整到合适的位置，如图5-14所示。

图5-13

图5-14

05 为"图层2拷贝"图层添加图层蒙版，使用"画笔"工具，在选项栏中设置"前景色"为黑色，在图层蒙版中进行涂抹，设置该图层的"不透明度"为"60%"，效果如图5-15所示。选中"图层2拷贝"图层，执行"滤镜>模糊>径向模糊"命令，弹出"径向模糊"对话框，参数设置如图5-16所示。

图5-15

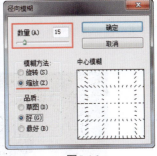
图5-16

06 单击"确定"按钮，应用"径向模糊"滤镜，效果如图5-17所示。在"产品"图层组上方新建名称为"文案"的图层组，使用"多边形"工具，在选项栏中设置"填充"为"无"、"描边"为黑色、"描边宽度"为"8点"、"边"为"3"，在画布中绘制一个三角形，如图5-18所示。

图5-17

图5-18

07 为该图层添加图层蒙版，在画布中绘制一个矩形选区，为该选区填充黑色，将不需要的部分隐藏，效果如图5-19所示。打开并拖入该商品的Logo素材文件"资源包\源文件\第5章\素材\51403.png"，并且将其调整到合适的大小和位置，如图5-20所示。

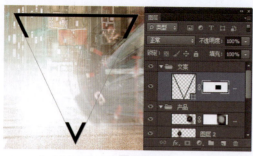

图5-19   图5-20

08 使用"横排文字"工具，在"字符"面板中设置相关参数，在画布中输入相应的文字，如图5-21所示。使用相同的制作方法，输入其他文字，如图5-22所示。

图5-21   图5-22

09 完成该手表商品宣传海报的设计与制作，最终效果如图5-23所示。

图5-23

5.2　电商海报的常用构图方式

电商海报通常由3部分组成：商品、背景和文案。确定好电商海报的构图方式，电商海报的设计也就成功了一半。本节主要介绍电商海报的常用构图方式。

5.2.1　左右构图

1. 左图右文

左图右文构图方式会将商品图片放置于画面的左侧，将相关文案内容放置于画面的右侧，是典型的电商海报构图方式。

图5-24所示为某品牌化妆品的电商海报设计，该海报采用了左图右文构图方式，将商品图片放置于画面的左侧，将相关文案内容放置于画面的右侧，并且使用大字号、粗字体和不同的颜色进行显示，从而有效突出海报主题。

图5-24

2. 右图左文

右图左文构图方式与左图右文构图方式非常相似，只是调换了商品图片与文案内容的左右位置，也是典型的电商海报构图方式。

图5-25所示为某品牌女装的电商海报设计，该海报采用了右图左文构图方式，左侧为相关文案内容，右侧为模特图像。在文案内容的处理上，主题文字采用大号、加粗的字体，其他说明文字采用小号字体，主次分明，形成鲜明对比，从而有效突出海报主题。

图5-25

5.2.2　三栏分布构图

三栏分布构图方式通常在画面的两侧放置商品图片，在中间放置文案内容，这种构图方式可以更好地突出海报主题，并且左右的商品图片能够起到呼应作用。

图5-26所示为某品牌女装的促销宣传海报设计，该海报采用了三栏分布构图方式。

左侧是模特的近景效果，右侧是模特的远景效果，中间放置海报的文案内容，左右产生对比和呼应，远景和近景的应用，使画面产生空间感

图5-26

如果海报所使用的背景不是彩色背景，那么直接在背景上添加文案内容会显得特别凌乱，影响海报主题的表达，可以为文案内容添加一个半透明的背景色，这样既不会影响海报的整体表现效果，又可以使文案内容更清晰、易读，如图5-27所示。

为文案内容搭配半透明的几何背景色块，使其清晰、易读，并且使整个海报更加时尚

图5-27

5.2.3 叠加构图

叠加构图是指如果海报中的商品图片过多，而海报的尺寸有限，则可以使用上下分布的构图方式，将电商海报的文案内容叠加于商品上方。

图5-28所示为某品牌女装的促销宣传海报，该海报采用了叠加构图方式。

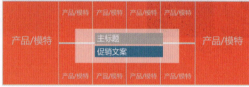

使用半透明的背景色衬托海报文案内容，一是不会破坏海报的商品显示效果，二是能够突出文案内容

图5-28

5.2.4 倾斜构图

采用倾斜构图方式可以使电商海报画面时尚、动感和活跃，但需要注意海报画面的平衡感。根据阅读习惯，文案内容通常设置为向右上方倾斜，这样可以使文案内容有一种上升感。

图5-29所示为某品牌女装的促销宣传海报设计，该品牌女装主要针对年轻、时尚的女性群体，所以采用了倾斜构图方式，表现出年轻女性的时尚与个性感。

倾斜式文案内容的倾斜角度一般不大于30°，大于30°会影响浏览者对文案内容的阅读

图5-29

5.2.5 设计女装活动宣传海报

本案例主要介绍如何设计一个女装活动宣传海报。该海报采用常见的左图右文构图方式，使用对比色分割背景画面，将人物图像放置在分割线的位置，从而使背景不会太突兀，而海报主题文字的制作是该海报的重点，主题文字需要体现女性的优美，可以通过调整色调，使海报给人一种优雅、恬静的感觉。

实战练习 02 设计女装活动宣传海报

视 频：资源包\视频\第5章\5-2-5.mp4   源文件：资源包\源文件\第5章\5-2-5.psd

01 执行"文件>新建"命令，弹出"新建"对话框，参数设置如图5-30所示，单击"确定"按钮，新建一个空白文档。设置"前景色"的RGB值为(57,63,95)，按快捷键Alt+Delete，为画布填充前景色，如图5-31所示。

图5-30　　　　　　　　　　　　　　　　图5-31

02 新建"图层1"图层，使用"矩形选框"工具，在画布中绘制一个矩形选区，为该选区填充RGB为(187,152,172)的颜色，如图5-32所示。打开并拖入"资源包\源文件\第5章\素材\52501.jpg"素材文件，并且将其调整到合适的位置，如图5-33所示。

图5-32　　　　　　　　　　　　　　　　图5-33

03 为该图层添加图层蒙版，使用"画笔"工具，在选项栏中设置"前景色"为黑色，在图层蒙版中进行涂抹，效果如图5-34所示。新建"图层3"图层，使用"矩形选框"工具，在画布中绘制一个矩形选区，如图5-35所示。

图5-34　　　　　　　　　　　　　　　　图5-35

04 使用"渐变"工具，打开"渐变编辑器"窗口，设置从白色到透明的渐变色，如图5-36所示。单击"确定"按钮，完成渐变色的设置，在选区中填充线性渐变色，设置该图层的"填充"为"40%"，效果如图5-37所示。

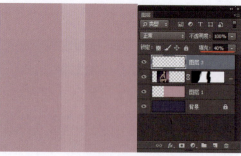

| 图5-36 | 图5-37 |

05 按快捷键Ctrl+T，将图形进行旋转操作，并且将其调整到合适的大小和位置，效果如图5-38所示。将"图层3"图层复制多次，分别将其旋转相应的角度并调整到不同的位置，效果如图5-39所示。

| 图5-38 | 图5-39 |

06 新建"图层4"图层，使用"矩形选框"工具，设置从白色到透明的渐变色，在画布中按住鼠标左键并拖动鼠标，为其填充径向渐变色，效果如图5-40所示。设置该图层的"混合模式"为"叠加"、"不透明度"为"60%"，效果如图5-41所示。

图5-40

图5-41

07 打开并拖入"资源包\源文件\第5章\素材\52502.png"素材文件，效果如图5-42所示。使用"横排文字"工具，在"字符"面板中设置相关参数，并且在画布中输入相应的文字，如图5-43所示。

图5-42　　　　　　　　　　　　　　　　　　图5-43

08 使用相同的制作方法，在画布中输入相应的文字，如图5-44所示。同时选中"因""爱""而""美"文字图层并复制，将复制得到的文字图层合并，将原文字图层隐藏，如图5-45所示。

图5-44　　　　　　　　　　　　　　　　　　图5-45

09 使用"矩形选框"工具，在画布中绘制一个矩形选区，按Delete键删除不需要的文字笔画，效果如图5-46所示。取消矩形选区，使用"矩形"工具，在选项栏中设置"填充"的RGB值为(255,252,0)，在画布中绘制一个矩形，如图5-47所示。

图5-46　　　　　　　图5-47

10 使用"钢笔"工具，在选项栏中设置"工具模式"为"形状"，设置"填充"的RGB值为(255,252,0)，在画布中绘制相应的图形，如图5-48所示。使用"矩形选框"工具，在画布中绘制一个矩形选区，为该选区填充RGB值为(255,252,0)的颜色，如图5-49所示。

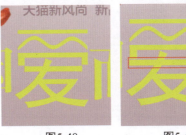

图5-48　　　　　　　图5-49

11 使用相同的制作方法，完成其他文字的变形处理，效果如图5-50所示。同时选中组成变形文字的所有图层并将其合并，为合并后的图层添加"投影"图层样式，在弹出的"图层样式"对话框中设置相关参数，如图5-51所示。

图5-50　　　　　　　　　　　　　　　图5-51

12 单击"确定"按钮，应用"投影"图层样式，效果如图5-52所示。使用相同的制作方法，输入其他文字，效果如图5-53所示。

图5-52　　　　　　　　　图5-53

13 使用"圆角矩形"工具，在选项栏中设置"填充"的RGB值为(148,123,122)、"半径"为"10像素"，在画布中绘制一个圆角矩形，如图5-54所示。使用"直排文字"工具，在画布中输入相应的文字，效果如图5-55所示。

图5-54　　　　　　　　　图5-55

14 新建"图层6"图层，为画布填充RGB为(7,12,62)的颜色，设置该图层的"混合模式"为"排除"，设置其"填充"为"88%"。完成该女装活动宣传海报的设计与制作，最终效果如图5-56所示。

图5-56

5.3　电商海报的常用设计表现形式

　　作为给消费者展示商品的直接方式，海报设计在很大程度上决定了销售热度和传播广度。在电商海报设计中，需要掌握一些平面设计的规律，并且能够灵活运用，进而设计出精美的电商海报。本节主要介绍电商海报的常用设计表现形式。

5.3.1　直接展示

　　这是一种非常常见、运用十分广泛的表现形式。它将商品或主题直接展示在海报画面中，充分运用摄影、绘画等技巧，细致刻画并着力渲染商品的质感、形态和功能，从而给人逼真的感觉，使消费者对所宣传的商品产生一种亲切感和信任感。图5-57所示为使用直接展示表现形式的电商海报。

直接对商品形象进行展示，能够给消费者一种直观、清晰的印象

图5-57

　　由于直接展示表现形式会直接将商品展示在消费者面前，因此要十分注意画面中商品的组合和展示角度，应突出商品的品牌和商品本身最容易打动人心的部分，运用色光和背景进行烘托，使商品置身于一个具有感染力的空间，从而增强广告画面的视觉冲击力。

5.3.2　突出特点

　　突出特点表现形式是指运用各种方式抓住和强调商品或主题的特点，并且将其鲜明地表现出来，将这些特点置于海报画面的主要视觉部位，或者加以烘托，使消费者在接触画面的瞬间立即感受到并对其产生兴趣，从而达到刺激购买欲望的促销目的。图5-58所示为使用突出特点表现形式的电商海报。

将商品与大自然环境背景相结合，突出表现商品的纯天然、绿色和健康概念

图5-58

5.3.3　对比衬托

　　对比衬托表现形式会采用对比的形式，突出表现商品的性质和特点。图5-59所示为使用对比衬托表现形式的电商海报。

在海报背景中分别使用粉红色和蓝色丝绸质感的材质作为背景，形成柔和的色彩对比，衬托香水商品的表现效果，从而突出表现商品的优雅与品质感

图5-59

通过这种手法更鲜明地强调或提示商品的性能和特点，给消费者深刻的视觉感受，是一种常见且行之有效的表现手法。

5.3.4 以小见大

在海报设计中对立体形象进行强调、取舍和浓缩，以独到的想象抓住一点或一个局部加以集中描写或延伸放大，从而更充分地表达主题思想。这种表现手法，给设计师带来了很大的灵活性和无限的表现力，同时给浏览者提供了广阔的想象空间，从而获得生动的情趣和丰富的联想。图5-60所示为使用以小见大表现形式的电商海报。

该海报的设计非常简洁、直观，将商品与人物进行搭配，远处的人物较小，而近处的女鞋商品较大，从而衬托商品的表现效果

图5-60

以小见大中的"小"，是海报画面描写的焦点和视觉的兴趣中心，它既是海报创意的浓缩和生发，又是设计师独特的安排。

5.3.5 联想

在审美的过程中通过丰富的联想，可以突破时空的界限、扩大艺术形象的容量、加深画面的意境。通过联想，美感往往显得特别强烈，从而使审美对象与审美者融为一体，在产生联想的过程中引发美感共鸣，其感情的强度总是激烈、丰富的。图5-61所示为使用联想表现形式的电商海报。

在该沙漠旅游宣传海报中，充分使用了夸张和联想的手法，将行李箱设计为一个泳池场景，使人联想到该旅途的悠闲与舒适

图5-61

5.3.6　夸张

对海报中所宣传的对象品质或特性在某个方面进行适当的夸张处理，从而加深消费者对商品特点的认识。通过这种手法能够更鲜明地强调商品的特点，加强艺术效果。

运用夸张表现形式，可以为广告的艺术美注入浓郁的感情色彩，使商品的特征更鲜明、突出、动人。图5-62所示为使用夸张表现形式的电商海报。

在该护肤品的宣传海报中，运用夸张表现形式，将人物与绿色的大地相结合，从而表现出商品绿色、纯天然的品质

图5-62

5.3.7　幽默

幽默表现形式通常运用有趣的情节、巧妙的安排，营造出一种充满情趣又耐人寻味的幽默意境。图5-63所示为使用幽默表现形式的电商海报。

在该品牌女装促销宣传海报中，将幽默的文案与图像相结合，从而表现海报的主题，具有很强的趣味性，给人留下深刻印象

图5-63

幽默表现形式可以实现在意料之外，又在情理之中的艺术效果，从而引起消费者会心的微笑，以别具一格的方式，发挥艺术感染力的作用。

5.3.8　以情托物

艺术的感染力最有直接作用的是感情因素，审美就是主题与美的对象不断交流感情产生共鸣的过程。

以情托物表现形式可以借用美好的感情烘托主题，以情动人，发挥艺术感染人的力量，这是现代广告设计中文学侧重和美的意境与情趣的追求。图5-64所示为使用以情托物表现形式的电商海报。

在该运动品牌的促销宣传海报中，使用充满欢乐、激情的体育运动图片烘托商品需要表现的健康理念，适合该运动品牌的定位

图5-64

5.3.9 设计女士箱包促销宣传海报

本案例主要介绍如何设计一个女士箱包促销宣传海报。使用不规则的基本图形构成画面背景，搭配简洁的主题文字和商品图片，并且主题文字和商品图片的色彩与背景色相呼应，使整个画面给人一种统一、时尚的感觉。

实战练习 03　设计女士箱包促销宣传海报

视　频：资源包\视频\第5章\5-3-9.mp4　　　源文件：资源包\源文件\第5章\5-3-9.psd

01 执行"文件>新建"命令，弹出"新建"对话框，参数设置如图5-65所示，单击"确定"按钮，新建一个空白文档。设置"前景色"的RGB值为(84,222,171)，按快捷键Alt+Delete，为画布填充前景色，效果如图5-66所示。

图5-65　　　　　　　　　　　　　　　　　　图5-66

02 新建名称为"背景"的图层组，使用"钢笔"工具，在选项栏中设置"工具模式"为"形状"，设置"填充"的RGB值为(254,227,24)，在画布中绘制一个图形，如图5-67所示。使用相同的制作方法，绘制其他图形，效果如图5-68所示。

图5-67

图5-68

03 使用"直线"工具，在选项栏中设置"填充"的RGB值为(67,58,55)、"粗细"为"1像素"，在画布中绘制一条直线，如图5-69所示。复制"形状5"图层，得到"形状5拷贝"图层，按快捷键Ctrl+T，显示自由变换框，将复制得到的直线向左移动，确认图像的变换操作，如图5-70所示。

图5-69　　　　　　　　　　　　　　图5-70

04 同时按住Ctrl+Shift+Alt键不放，多次按T键，复制并移动直线，效果如图5-71所示。同时选中所有直线图层并合并，将合并后的图层调整到"形状4"图层下方，如图5-72所示。

图5-71　　　　　　　　　　　　　　图5-72

05 执行"图层>创建剪贴蒙版"命令，为该图层创建剪贴蒙版，设置该图层的"不透明度"为"50%"，效果如图5-73所示。在"背景"图层组中新建名称为"几何"的图层组，使用相同的制作方法，完成相似图形的绘制，如图5-74所示。

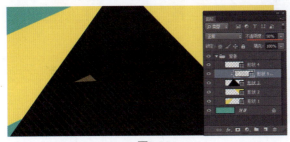

图5-73　　　　　　　　　　　　　　图5-74

06 执行"滤镜>模糊>高斯模糊"命令，弹出"高斯模糊"对话框，参数设置如图5-75所示。单击"确定"按钮，应用"高斯模糊"滤镜，效果如图5-76所示。

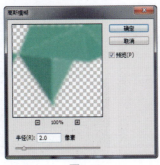
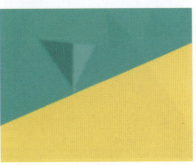

图5-75　　　　　　　　　　　　　　图5-76

07 使用相同的制作方法，完成相似图形效果的制作，如图5-77所示。新建名称为"箱包"的图层组，在该图层组中新建名称为"线"的图层组，使用"直线"工具，在选项栏中设置"填充"的RGB值为(126,123,109)、"粗细"为"1像素"，在画布中绘制各条直线，如图5-78所示。

图5-77

图5-78

08 使用相同的制作方法，绘制其他几何形状，效果如图5-79所示。打开并拖入"资源包\源文件\第5章\素材\53901.png"素材文件，将其调整到合适的位置，效果如图5-80所示。

图5-79

图5-80

09 使用相同的制作方法，拖入其他素材文件，并且分别将其调整到合适的位置，如图5-81所示。新建名称为"信息"的图层组，使用"横排文字"工具，在"字符"面板中设置相关参数，在画布中输入相应的文字，如图5-82所示。

图5-81

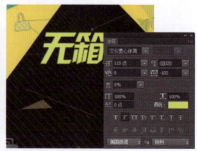

图5-82

10 使用相同的制作方法，输入其他文字，如图5-83所示。使用"钢笔"工具，在选项栏中设置"填充"的RGB值为(110,255,253)、"描边"为"无"，在画布中绘制所需图形，如图5-84所示。

图5-83   图5-84

11 使用"椭圆"工具，在选项栏中设置"填充"的RGB值为(35,24,21)、"描边"为"无"，在画布中绘制一个正圆形，如图5-85所示。使用相同的制作方法，完成相似图形的绘制，如图5-86所示。

图5-85   图5-86

12 使用"钢笔"工具，在选项栏中设置"填充"为"无"、"描边"的RGB值为(211,139,0)、"粗细"为"2像素"，在画布中绘制一条曲线，如图5-87所示。为该图层添加"投影"图层样式，在弹出的"图层样式"对话框中设置相关参数，如图5-88所示。

图5-87   图5-88

13 单击"确定"按钮，应用"投影"图层样式，效果如图5-89所示。使用相同的制作方法，在画布中输入相应的文字，效果如图5-90所示。

图5-89   图5-90

14 使用相同的制作方法，完成相似文字和图形的制作，效果如图5-91所示。打开并拖入相应的图像素材文件，分别将其调整到合适的大小和位置，效果如图5-92所示。

图5-91

图5-92

15 完成该女士箱包促销宣传海报的设计与制作，最终效果如图5-93所示。

图5-93

5.4 电商海报设计与视觉营销

　　传统的海报设计通常会以视觉吸引消费者的注意，造成悬念，然后让消费者去细细回想、品味。而电商海报只有很短的生存时间，要么被忽视，要么被关闭，要么被点击，必须快、准、狠地将准确信息传达到消费者的脑海中，并且促成消费者的下一步行动。

5.4.1 最简单的病毒营销——暴力视觉

　　病毒营销是指通过用户的社会人际网络，使信息像病毒一样传播和扩散，利用快速复制的方式传向数以百万计的受众人群。也就是说，提供有价值的商品或服务，通过别人为你宣传，实现"营销杠杆"的效果。病毒营销已经成为网络营销最独特的手段之一，被越来越多的电商平台成功利用。

　　病毒营销的重点在于找到营销的引爆点，如何找到既迎合目标用户口味又能够正面宣传商品或品牌的话题是关键，而营销技巧的核心在于如何打动消费者，使商品或品牌深入消费者心里，让消费者认识商品、了解商品、信任商品，最后依赖商品。病毒营销是网络营销方式中性价比最高的方式之一，深入挖掘商品卖点，制造适合网络传播的舆论话题。

　　病毒营销具有一些区别于其他营销方式的特点，首先要包含具有吸引力的"病原体"，其次要具有几何倍数的传播速度，并且更新速度快。

　　图5-94所示为某女装品牌的打折促销宣传海报，设计非常简洁，使用躺在草地上的模特作为海报背景，在画面右侧放置简洁的品牌名称和折扣信息，并且折扣信息使用大号加粗的字体，在给消费者强烈的视觉冲击力的同时，使主题更加醒目。

采用常见的左图右文构图方式，品牌名称和折扣信息都采用大号加粗的字体，视觉效果突出，刺激消费者的视觉神经，达到病毒营销的效果

图5-94

图5-95所示为小家电节日促销宣传海报，使用菱形色块将文案内容组织在一起，使用"我放血""51元秒杀"这样夸张的文字来比喻折扣力度，能够很好地激发消费者的购买欲望，从而实现病毒营销的快速传播功能。

文案内容不仅使用了夸张的文字描述，而且使用高饱和度的红色突出显示关键字，使主题文字部分既有大小对比，又有颜色对比，层次鲜明

图5-95

5.4.2 最实用的绿色营销——创意视觉

绿色营销是一个能辨识、预期社会消费需求，可以带来利润，并且可以持续经营的管理过程。绿色营销观念认为，企业在营销活动中，要顺应时代可持续发展战略的要求，注重地球生态环境保护，促进经济与生态环境协调发展，从而实现企业利益、消费者利益、社会利益及生态环境利益的协调统一。因此，绿色营销是以满足消费者和经营者的共同利益为目的的社会绿色需求管理，是以保护生态环境为宗旨的绿色市场营销模式。

图5-96所示为某品牌化妆品宣传海报，为了契合海报主题"天然的呵护"，海报使用绿色作为背景主色调，并且使用绿色植物和花朵来衬托商品，在突出主题的同时，暗示商品的纯天然品质。

该化妆品包装为高饱和度的红色，与绿色的背景形成强烈的对比，从而突出商品的表现效果

图5-96

图5-97所示为护肤防晒用品的促销宣传海报，运用手绘的蓝天、大海、绿色植物等渲染夏日海滩的环境氛围，从而衬托防晒商品，给人一种自然、舒适的印象。

在海报局部点缀少量黄色的图形，使画面的视觉效果更加丰富，显得更加年轻、富有活力

使用大自然中的蓝天、大海、绿色植物等，充分表现出大自然的气息，富有创意，使消费者仿佛置身于当前环境之中

图5-97

5.4.3 最完美的整合营销——写实视觉

在设计电商海报时，设计师可以将整合营销与写实视觉设计相联系，将各个独立的营销方式综合为一个整体，从而产生协同效应。这样可以很好地宣传商品，并且激发消费者购买商品的欲望。

整合营销是一种对各种营销工具和手段的系统化结合，根据环境进行即时性的动态修正，从而使交易双方在交互中实现价值增值的营销理念与方法。这些独立的营销工作包括广告、直接营销、销售促进、人员推销、包装和客户服务等。战略性地审视整合营销体系、行业、商品及客户，从而制订出符合企业实际情况的整合营销策略。

图5-98所示为某活动宣传海报，使用居中构图方式，将主题文字放置于画面的中间位置，将各种手绘的商品图形围绕在主题的四周，从而突出主题。并且采用强对比的配色设计，主题文字使用高饱和度的黄色圆形背景，与蓝色背景形成非常强烈的对比，主题文字不仅进行了变形处理，并且使用了多层次色彩进行叠加，层次非常丰富，从而突出视觉效果。

图5-98

图5-99所示为新品上市宣传海报，使用超大号的主题文字与模特进行搭配，无论是色彩，还是主题，都能给人强烈的视觉刺激。画面采用均衡的构图方式，将模特人物放置在画面的中心位置，并且压住主题文字，使画面产生层次感，活跃了整个广告画面，同时突出了广告所针对的人群，给人一种活泼、欢快的感觉。

使用超大号粗体文字表现主题，并且对主题文字进行了一些局部变形处理，从而有效突出主题

背景使用有彩色与无彩色的强烈对比，能够有效地突出画面内容，给人强烈的视觉刺激

图5-99

5.4.4 设计促销活动宣传海报

本案例主要介绍如何设计促销活动宣传海报。使用模特人物作为背景，在版面的中心位置使用三角形突出表现活动主题，并且对主题文字进行适当的处理，使活动主题突出、醒目。

实战练习 04　设计促销活动宣传海报

视 频：资源包\视频\第5章\5-4-4.mp4　　　源文件：资源包\源文件\第5章\5-4-4.psd

01 执行"文件>新建"命令，弹出"新建"对话框，参数设置如图5-100所示，单击"确定"按钮，新建一个空白文档。新建名称为"背景"的图层组，新建"图层1"图层，设置"前景色"的RGB值为(230,183,19)，按快捷键Alt+Delete，为画布填充前景色，如图5-101所示。

图5-100　　　　　　　　　　　　　　　图5-101

02 执行"文件>新建"命令，弹出"新建"对话框，参数设置如图5-102所示，单击"确定"按钮，新建一个透明背景文档。将画布最大化显示，使用"矩形选框"工具绘制一个矩形选区，并且为该选区填充黑色，如图5-103所示。

图5-102　　　　　　　　　图5-103

03 按快捷键Ctrl+D，取消选区，执行"编辑>定义图案"命令，弹出"图案名称"对话框，参数设置如图5-104所示。单击"确定"按钮，定义图案。返回设计文档，为"图层1"图层添加"图案叠加"图层样式，在弹出的"图层样式"对话框中选择刚定义的图案，参数设置如图5-105所示。

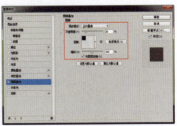

图5-104　　　　　　　　　　　图5-105

04 单击"确定"按钮，应用"图案叠加"图层样式，效果如图5-106所示。使用"多边形"工具，在选项栏中设置"填充"的RGB值为(2,67,48)、"描边"为"无"、"边"为"3"，在画布中绘制一个三角形，如图5-107所示。

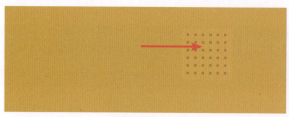
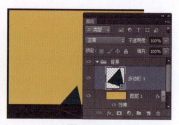

图5-106　　　　　　　　　　　　　　　图5-107

05 将该三角形复制多次，将复制得到的三角形分别调整到合适的大小、位置和形状，效果如图5-108所示。新建名称为"模特人物"的图层组，使用"椭圆"工具，在选项栏中设置"填充"的RGB值为(2,67,48)、"描边"为"无"，按住Shift键，在画布中绘制一个正圆形，如图5-109所示。

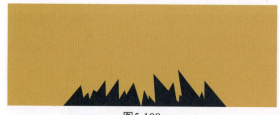

图5-108　　　　　　　　　　　　　　　图5-109

06 为"椭圆1"图层添加"投影"图层样式，在弹出的"图层样式"对话框中设置相关参数，如图5-110所示。单击"确定"按钮，应用"投影"图层样式，效果如图5-111所示。

图5-110　　　　　　　　　　　　　　　图5-111

07 打开并拖入"资源包\源文件\第5章\素材\54401.jpg"人物素材文件，并且将其调整到合适的大小和位置，设置该图层的"混合模式"为"正片叠底"，效果如图5-112所示。为该图层添加图层蒙版，使用"画笔"工具，在选项栏中设置"前景色"为黑色，在图层蒙版中进行适当的涂抹处理，效果如图5-113所示。

图5-112　　　　　　　　　　　　　　　图5-113

08 复制"图层2"图层，得到"图层2拷贝"图层，执行"编辑>变换>水平翻转"命令，对其进行水平翻转操作，并且将其向右移动至合适的位置，如图5-114所示。新建名称为"文案"的图层组，使用"多边形"工具，在选项栏中设置"填充"为"无"、"描边"的RGB值为(230,183,19)、"描边宽度"为"20点"、"边"为"3"，在画布中绘制一个三角形，如图5-115所示。

图5-114　　　　　　　　　　　　图5-115

09 为该图层添加图层蒙版，在画布中绘制一个矩形选区，为该选区填充黑色，将不需要的部分隐藏，效果如图5-116所示。使用"横排文字"工具，在"字符"面板中设置相关参数，在画布中输入相应的文字，如图5-117所示。

图5-116　　　　　　　　　　　　图5-117

10 执行"文字>转换为形状"命令，将文字图层转换为形状图层，如图5-118所示。使用"直接选择"工具对文字路径上相应的锚点进行拖动调整，从而改变文字的形状，如图5-119所示。

图5-118　　　　　　　　　　　　图5-119

11 为该图层添加图层蒙版，在画布中绘制一个矩形选区，为该选区填充黑色，将不需要的部分隐藏，如图5-120所示。为该图层添加"投影"图层样式，在弹出的"图层样式"对话框中设置相关参数，如图5-121所示。

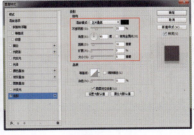

图5-120　　　　　　　　　　　　图5-121

12 单击"确定"按钮，应用"投影"图层样式，效果如图5-122所示。使用"横排文字"工具，在"字符"面板中设置相关参数，在画布中输入相应的文字，如图5-123所示。

图5-122　　　　　　　　　　　　图5-123

13 执行"文字>转换为形状"命令，将文字图层转换为形状图层，如图5-124所示。使用"直接选择"工具选中文字路径上相应的锚点，按Delete键将其删除，如图5-125所示。

图5-124　　　　　　　　　　　　图5-125

14 使用"矩形"工具，在选项栏中设置"填充"为白色、"描边"为"无"、"路径操作"为"合并形状"，在文字上绘制一个矩形，如图5-126所示。使用"直接选择"工具对该文字路径上的相应锚点进行拖动调整，从而改变文字的形状，效果如图5-127所示。

图5-126　　　　　　　　　图5-127

15 使用相同的制作方法，完成其他文字的变形处理，效果如图5-128所示。使用相同的制作方法，为该图层添加"投影"图层样式，效果如图5-129所示。

图5-128　　　　　　　　　　　图5-129

16 使用相同的制作方法，在画布中输入其他文字，效果如图5-130所示。使用"矩形"工具，在选项栏中设置"填充"的RGB值为(168,3,216)、"描边"为"无"，在画布中绘制一个矩形，如图5-131所示。

图5-130　　　　　　　　　　　　　　　　　图5-131

17 使用"横排文字"工具，在"字符"面板中设置相关参数，在画布中输入相应的文字，如图5-132所示。新建名称为"装饰"的图层组，使用"矩形"工具，在选项栏中设置"填充"的RGB值为(67,210,254)、"描边"为"无"，在画布中绘制一个矩形，并且对该矩形进行旋转操作，如图5-133所示。

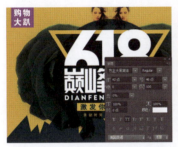

图5-132　　　　　　　　　　　　　　　　　图5-133

18 使用相同的制作方法，绘制多个不同颜色、大小和位置的矩形，效果如图5-134所示。使用相同的制作方法，绘制其他不同形状的装饰性图形，效果如图5-135所示。

图5-134　　　　　　　　　　　　　　　　　图5-135

19 设置"装饰"图层组的"混合模式"为"叠加"，完成该促销活动宣传海报的设计与制作，最终效果如图5-136所示。

图5-136

5.5　本章小结

　　本章向读者详细介绍了电商海报的类型、构图方式、表现形式和技巧，并且通过讲解电商海报案例，使读者在理解电商海报设计理论的基础上掌握电商海报的设计方法，为以后在工作中设计出精美的电商海报奠定基础。

第6章　电商UI的构图与布局

电商UI的构图与布局对界面中商品的分类展示、信息内容的结构化起到非常重要的作用。良好的电商UI构图与布局可以使消费者更方便、快捷地找到所需的商品和信息，可以使界面的视觉效果更加出色。本章主要向读者介绍电商UI构图与布局的相关知识，使读者对电商UI的构图标准、构图方法、首屏布局及商品列表界面布局等有更加全面、深入的理解。

6.1 了解电商UI构图

在电商UI设计中，构图类似于超市中各种商品的摆放方式。在超市中，通常会根据种类、价位对琳琅满目的商品进行摆放，这种商品摆放方式有助于消费者方便、快捷地选购所需商品，并且能够给消费者带来强烈的视觉冲击，激发消费者的购买欲望。

6.1.1 为什么要进行电商UI构图

成功的电商UI通常具有色彩、构图、风格创意、细节等要素。设计师需要对电商UI有全盘的设计和把控，良好的画面分割能够让消费者第一眼就能被视觉吸引，甚至不用浏览具体内容就能了解该电商UI的大部分信息。

同样的素材和配色，采用不同的构图能够让界面效果有天壤之别。现在的电商UI设计越来越具有整体画面感，看上去不像网站，更像是精美的杂志或平面设计作品。图6-1所示为设计精美的电商UI。

图6-1

图6-2所示为某化妆品电商UI设计。主题内容放置于顶部，使浏览者更加容易记住；利用棱角分明的几何图形将界面划分为几个板块，使浏览者能够快速、准确地捕捉到所需信息，并且使界面具有鲜明的层次感，给人一种炫酷、时尚的感觉；首先单个介绍商品，然后逐一展示商品，思路清晰，层次分明。

标题文字给人一种奇妙、有魅力的感觉，凸显页面的高端、大气

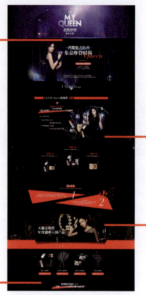

将多种几何图形相结合，从而展示商品，使每个商品都成为一个组，界面的分割更具有时尚感

界面中间部分运用棱角分明的几何色块对界面进行分割，使结构更清晰，层次更分明

依次展示商品，添加高光效果，衬托出商品的炫酷、时尚

图6-2

6.1.2 电商UI的构图标准

电商UI的构图标准大致可以分为如下两类。

- 对商品进行分类，使其系统化、结构化，以便浏览者简捷、快速地找到所需商品。图6-3所示为某品牌电商网站的UI设计，以商品列表展示为主，重点在于方便消费者快速浏览，找到自己喜欢的商品。

- 着重展示重点推荐的商品，也就是说，在不同时期着重展示可以吸引消费者注意力的商品，从而引起消费者的关注，促进消费者购买商品。图6-4所示为某电商网站的UI设计，在界面中突出展示推荐商品，从而引起消费者的关注。

运用简约的商品展示方法，整齐、规范地展示商品，并且使用纯白色背景，使商品更加醒目

使用不同的背景色突出展示推荐商品，使界面划分清晰且重点突出，从而有效地引起消费者的注意，促进消费者购买商品

图6-3 　　　　　　　　　图6-4

必须要准确、适当地传达电商UI中的商品信息，并且按照商品的重要程度向浏览者提供具有吸引力的商品，电商UI构图的具体内容和操作顺序可以分为以下几点。

- 整理消费者和浏览者的观点、意见。
- 着手分析浏览者的综合特性，划分浏览者类别并确定目标消费人群。
- 确定电商平台的主营商品及发展方向。
- 整理商品信息并使其系统化，定义电商平台的商品结构。
- 确定电商UI的有效标记体系。
- 不同的界面放置不同的界面元素、构建不同的内容。

综上所述，电商UI构图是以消费者和浏览者的要求或意见为基准，搜集、整理并加工商品信息的阶段，其强调能够简单、明了、有效地向浏览者传递商品信息的所有方法。因此，在进行电商UI构图时，浏览者和消费者的观点是最重要的观点，这要求设计师站在消费者的立场上，通过出色的电商UI构图更好地向消费者传递商品信息，从而提升电商UI的易用性。图6-5所示为设计出色的电商UI。

爆款推荐商品使用大图进行突出表现，使视觉效果清晰、突出

使用传统的商品列表形式分类展示其他商品，这种构图方式的结构清晰、分类明确，使消费者可以很容易地找到自己感兴趣的商品

该电商UI构图设计突破常规的表现方式，将界面设计得更像是一本精美的杂志，在合适的位置展示商品，从而吸引消费者的注意。这种构图方式比较适合促销活动界面和商品较少的电商界面

图6-5

6.2　常见的电商UI构图方式

电商UI构图方式决定了界面中信息内容的呈现方式，根据电商平台的商品类型及界面需要表现的风格，选择合适的电商UI构图方式，能够突出表现电商UI中的商品，并且使界面的视觉风格更加鲜明。

6.2.1　几何切割构图

在现实生活中，随处可见几何图形的存在，简单的三角形、正方形、长方形和圆形，甚至几根线条就可以组成很多有趣的图案，也很符合现代审美需求，适当的画面切割能够给界面带来动感与节奏感。加入几根线条、几个色块可以起到意想不到的界面效果。

1. 简单切割

简单切割是指使用形状或图像对整个电商UI进行切割。通过简单切割，可以有效地划分电商UI中的不同区域，并且使电商UI变得生动、有趣。图6-6所示为电商UI简单切割示意图。

图6-6

简单切割构图方式对界面中的内容没有过多的要求，设计师可以根据自己的需要进行安排，具体的界面内容排版可以根据实际情况进行处理。简单切割构图方式是目前最常见的电商UI构图方式之一，在电商活动促销界面设计中经常使用。图6-7所示为使用简单切割构图方式的电商UI。

电商UI头部使用棱角分明的几何色块进行分割，与变形的主题文字相结合，可以有效地突出主题

在电商UI头部使用弧形区域进行分割，划分界面中的内容区域与主题区域，并且主题区域使用对比色进行搭配，从而突出表现电商主题

使用与头部相同色调的矩形区域将界面内容划分为不同的版块，各版块结构清晰，并且与头部相呼应

图6-7

2. 对称切割

对称切割是指对界面进行对称分割，可以是左右、上下、倾斜等多种形式，使电商UI中的内容划分明确，并且具有很强的视觉冲击力。图6-8所示为电商UI对称切割示意图。

图6-8

　　采用对称切割构图方式的电商UI通常都有一个前提，就是电商UI中的内容可以明确地区别为几个部分，并且这几个部分可以形成对立关系，如男与女、冷与热等。图6-9所示为使用对称切割构图方式的电商UI。

电商UI头部采用对称切割构图方式，并且左右两侧使用对比配色，使头部具有强烈的视觉效果，从而突出重点信息

该童装电商UI同样使用了对称切割构图方式，在电商UI头部使用无彩色与高饱和度黄色的对比配色，使其具有强烈的视觉效果。该电商UI在对称构图的基础上添加了一些不对称的元素和大胆的创意，使电商UI具有更强的视觉吸引力

图6-9

3. 组合切割

　　组合切割是指使用多个有规律的几何形状进行组合排列，在整体上抓住消费者的注意力。图6-10所示为电商UI组合切割示意图。

图6-10

　　组合切割构图方式比较适合各区块中内容属于平级关系的电商UI。在电商UI中采用组合切割构图方式，可以使电商UI中的内容更加生动、富有创意。在通常情况下，只会在电商UI的局部运用组合切割构图方式。图6-11所示为使用组合切割构图方式的电商UI。

运用多个矩形和六边形进行组合切割，从而丰富画面

使用矩形色块对页面背景进行简单切割，从而丰富界面背景效果

使用多个六边形进行组合切割，从而集中展示商品

图6-11

4. 多重切割

多重切割是指在电商UI中使用多种不同的形状进行组合排列，使电商UI呈现活跃、时尚的视觉效果。图6-12所示为电商UI多重切割示意图。

图6-12

多重切割构图方式稳定而锐利，易于识别，不规则的构图方式可以使画面变得生动，不易产生审美疲劳。多重切割构图方式可以很好地体现电商UI的时尚感和科技感，比较适合表现与时装、家电及游戏有关的电商UI。图6-13所示为使用多重切割构图方式的电商UI。

使用多重切割构图方式展示商品，可以使电商UI表现出很强的科技感

运用多重切割构图方式展示服装商品，电商UI看似杂乱，实际上却具有很强的时尚感，仿佛一本时尚画册

图6-13

6.2.2 设计运动品牌服饰电商UI

本案例主要介绍如何设计一个运动品牌服饰电商UI。使用不规则的多重切割构图方式，不规则的几何图形可以使界面看起来既时尚又富有动感，商品的不规则排版布局，可以使界面更像是一本运动时尚杂志，非常具有视觉表现力。

实战练习 01 | 设计运动品牌服饰电商UI

视 频：资源包\视频\第6章\6-2-2.mp4　　源文件：资源包\源文件\第6章\6-2-2.psd

01 执行"文件>新建"命令，弹出"新建"对话框，参数设置如图6-14所示，单击"确定"按钮，新建一个空白文档。设置"前景色"的RGB值为(56,61,68)，为画布填充前景色，如图6-15所示。

图6-14　　　　　　图6-15

02 新建名称为"导航菜单"的图层组，使用"矩形"工具，在选项栏中设置"填充"的RGB值为(49,54,60)，在画布中绘制一个矩形，对该矩形进行旋转操作，效果如图6-16所示。使用"矩形"工具，在画布中绘制一个白色的矩形，效果如图6-17所示。

图6-16　　　　　　　　　图6-17

03 打开并拖入"资源包\源文件\第6章\素材\62201.jpg"图像素材文件，效果如图6-18所示。使用"魔棒"工具，在图像白色背景部分单击，创建选区，执行"选择>反向"命令，反向选择选区，如图6-19所示。

图6-18　　　　　　　　　图6-19

04 将选区中的图像拖入设计文档中，效果如图6-20所示。使用"横排文字"工具，在"字符"面板中设置相关参数，在画布中输入相应的文字，如图6-21所示。

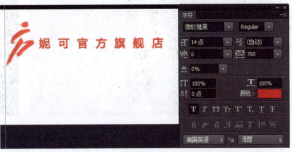

图6-20　　　　　　　　　图6-21

05 使用相同的制作方法，完成该页面导航菜单的设计与制作，效果如图6-22所示。新建名称为"宣传广告"的图层组，使用"矩形"工具，在画布中绘制一个黑色的矩形，效果如图6-23所示。

图6-22

图6-23

06 打开并拖入"资源包\源文件\第6章\素材\62203.jpg"素材文件，效果如图6-24所示。为该图层添加图层蒙版，使用"矩形选框"工具，在画布中绘制一个矩形选区，为该选区填充黑色，效果如图6-25所示。

图6-24

图6-25

07 使用"横排文字"工具，在"字符"面板中设置相关参数，在画布中输入相应的文字，如图6-26所示。使用相同的制作方法，在画布中输入其他文字，并且为相应的文字添加"渐变叠加"图层样式，效果如图6-27所示。

图6-26

图6-27

08 在"宣传广告"图层组中新建名称为"菜单"的图层组，使用"矩形"工具，在画布中绘制一个黑色的矩形，设置该图层的"填充"为"75%"，效果如图6-28所示。使用"矩形"工具，在选项栏中设置"填充"的RGB值为(248,34,46)，在画布中绘制一个矩形，如图6-29所示。

图6-28

图6-29

09 为该矩形添加"外发光"图层样式，在弹出的"图层样式"对话框中设置相关参数，如图6-30所示。单击"确定"按钮，应用"外发光"图层样式，效果如图6-31所示。

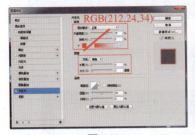

图6-30

图6-31

10 使用"矩形"工具，在选项栏中设置"填充"的RGB值为(134,13,18)，在画布中绘制一个矩形，如图6-32所示。使用"添加锚点"工具，在刚绘制的矩形路径右侧的中心位置单击添加锚点，如图6-33所示。

图6-32

图6-33

11 使用"转换点"工具在刚添加的锚点上单击，将平滑点转换为角点。使用"直接选择"工具，选中该锚点并拖动，调整图形的形状，如图6-34所示。使用相同的制作方法，完成相似图形的绘制，如图6-35所示。

图6-34

图6-35

12 复制"矩形10"图层，得到"矩形10拷贝3"图层，设置"填充"为白色，使用"矩形"工具，在选项栏中设置"路径操作"为"减去顶层形状"，在该图形上减去相应的矩形，得到需要的图形，设置该图层的"混合模式"为"叠加"，设置该图层的"不透明度"为"50%"，效果如图6-36所示。使用"横排文字"工具，在画布中输入相应的文字，完成该部分内容的制作，效果如图6-37所示。

图6-36

图6-37

13 在"宣传广告"图层组上方新建"重点推荐"图层组，打开并拖入"资源包\源文件\第6章\素材\62204.png"素材文件，设置该图层的"混合模式"为"变亮"，效果如图6-38所示。使用"钢笔"工具，在画布中绘制一个任意填充颜色的几何图形，如图6-39所示。

图6-38 图6-39

14 为该形状图层添加"渐变叠加"图层样式，在弹出的"图层样式"对话框中设置相关参数，如图6-40所示。单击"确定"按钮，应用"渐变叠加"图层样式，效果如图6-41所示。

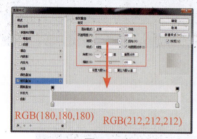

图6-40 图6-41

15 使用相同的制作方法，完成相似几何图形的绘制，如图6-42所示。打开并拖入其他图像素材文件，并且分别将其调整到合适的大小和位置，如图6-43所示。

图6-42 图6-43

16 使用"横排文字"工具，在"字符"面板中设置相关参数，在画布中输入相应的文字，效果如图6-44所示。在"重点推荐"图层组中新建名称为"组1"的图层组，使用"圆角矩形"工具，在选项栏中设置"填充"的RGB值为(23,23,23)、"半径"为"30像素"，在画布中绘制一个圆角矩形，如图6-45所示。

图6-44 图6-45

17 为该图层添加"描边"图层样式，在弹出的"图层样式"对话框中设置相关参数，如图6-46所示。单击"确定"按钮，应用"描边"图层样式，设置该图层的"填充"为"80%"，效果如图6-47所示。

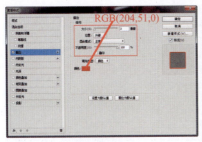
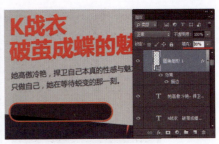

图6-46　　　　　　　　　　　　图6-47

18 使用相同的制作方法，在画布中再绘制一个圆角矩形，效果如图6-48所示。使用"多边形"工具，在选项栏中设置"边"为"3"，在画布中绘制一个白色的三角形，如图6-49所示。

图6-48　　　　　　　　　　　　图6-49

19 使用"横排文字"工具，在画布中输入相应的文字，如图6-50所示。完成"重点推荐"图层组中相关内容的制作，该部分的整体效果如图6-51所示。

图6-50　　　　　　　　　　　　图6-51

20 在"重点推荐"图层组上方新建称为"商品介绍"的图层组，使用"钢笔"工具，在选项栏中设置"填充"的RGB值为(39,43,47)，在画布中绘制一个几何图形，效果如图6-52所示。在该图层组中新建名称为"冷静105"的图层组，使用"矩形"工具，在画布中绘制一个任意颜色的矩形，如图6-53所示。

图6-52　　　　　　　　　　　　图6-53

21 使用"直接选择"工具，对矩形相应的锚点进行调整，效果如图6-54所示。为该图层添加"渐变叠加"图层样式，在弹出的"图层样式"对话框中设置相关参数，如图6-55所示。

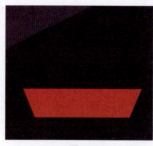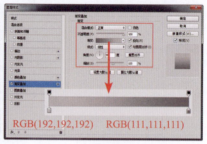

图6-54　　　　　　　　　　　　图6-55

22 单击"确定"按钮，应用"渐变叠加"图层样式，效果如图6-56所示。使用相同的制作方法，完成相似图形的绘制，效果如图6-57所示。

图6-56　　　　　　　　　　　图6-57

23 新建图层，使用"钢笔"工具，在选项栏中设置"工具模式"为"路径"，在画布中绘制一条路径，按快捷键Ctrl+Enter，将该路径转换为选区，如图6-58所示。使用"渐变"工具，打开"渐变编辑器"窗口，设置渐变色，如图6-59所示。

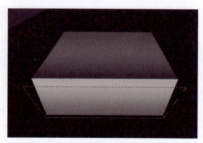

图6-58　　　　　　　　　　　图6-59

24 单击"确定"按钮，应用该渐变色，在选区中填充线性渐变色，调整图层叠放顺序，设置该图层的"填充"为"50%"，效果如图6-60所示。使用相同的制作方法，绘制相应的矩形并填充径向渐变色，效果如图6-61所示。

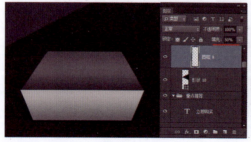

图6-60　　　　　　　　　　　图6-61

25 使用相同的制作方法，打开并拖入模特图像素材文件并输入相应的文字，效果如图6-62所示。使用相同的制作方法，完成相似内容的制作，效果如图6-63所示。

图6-62　　　　　　　　　　　　　　图6-63

26 使用相同的制作方法，完成界面中其他栏目的设计与制作，效果如图6-64所示。完成该运动品牌服饰电商UI的设计与制作，最终效果如图6-65所示。

图6-64　　　　　　　　　　　　　　图6-65

6.2.3　放射与透视状构图

使用放射与透视状构图方式，可以使电商UI呈现出立体感与空间感，视觉焦点明确，画面冲击力强，富有动感。需要注意的是，放射状的排版不太适合文字阅读，需要注意文字排版格式。在电商UI中，通常会在首屏界面头部使用放射与透视状构图方式，用于突出界面主题和重点推荐商品。图6-66所示为使用放射与透视状构图方式的电商UI。

在该小家电商品的电商UI头部使用放射与透视构图方式，可以突出表现商品和促销主题，使电商UI的视觉效果更具有空间感

该女鞋商品电商UI设计使用放射与透视的构图方式，每个栏目都使用舞台、店铺等场景形式进行表现，使界面具有很强的立体空间感，仿佛一个实体店铺，视觉效果突出

每一款重点推荐商品都采用融入使用场景的表现方式，非常直观

图6-66

6.2.4 整体和流程构图

如果电商UI中的商品不是很多，需要突出界面的趣味性，避免消费者觉得界面千篇一律，则可以通过在电商UI中搭建一个整体的场景，带动消费者的情绪，从而给消费者留下深刻的印象。

需要注意的是，电商UI中整体场景的设计对于素材的要求比较高，明暗、阴影、透视、层次感、体积等都需要用心处理。在电商UI的设计过程中，设计师的脑海中需要有画面感，先设计大的画面关系，再添加细节和内容，切记不要忘了给商品和主题内容添加视觉焦点。图6-67所示为使用整体和流程构图方式的电商UI。

这是一个老字号调味品的电商UI设计，将整个界面设计为古时候山野中的农舍，炊烟、竹林、木屋，非常富有诗意，将调味商品与精致的美食图片相结合，使其更加诱人。整个画面让人感觉非常具有整体感、富有新意，能够吸引消费者的注意力

这是一个儿童尿不湿商品的电商UI设计，使用卡通插画风格表现整个界面，非常符合婴儿用品的特点，给人可爱的感觉。以俯视的角度来表现画面，仿佛商品放置在婴儿房的地板之上，整个界面具有很强的画面感，视觉效果突出

图6-67

6.2.5 根据图像轮廓联想构图

设计师在理解了电商UI的设计需求后，提取出重要信息，从中挑选一些合适的元素，寻找相关的图像，通过对图像轮廓的联想激发对电商UI的构图创意。

根据图像轮廓联想的方式进行电商UI构图，这种方式一般针对主题内容比较明确、具象的电商UI。例如，端午节相关的界面可以使用龙舟、粽子，中秋节相关的界面可以使用月饼、玉兔，会员相关的界面可以使用钻石、皇冠，等等。

根据界面的主要内容，首先从界面整体上构建所联想物体的边界或外形线，形成一个大的形状轮廓，将界面内容巧妙地安排到该形状轮廓中。这种处理方式能够让消费者一眼就能了解到一些界面主题信息，并且能够使界面生动、活泼，更具有设计感。

图6-68所示为使用图像轮廓联想构图方式的电商UI。

通过对灯笼图形进行联想而设计的电商UI，这种电商UI构图方式适合电商活动界面

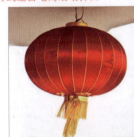

通过对福袋图形进行联想而设计的电商UI，这种电商UI构图方式适合春节活动主题的电商UI

通过对小船图形进行联想而设计的电商UI，这种电商UI构图方式适合端午节活动的电商UI

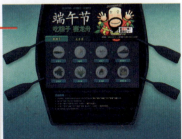

图6-68

6.2.6 设计艺术香熏炉电商UI

本案例主要介绍如何设计一个艺术香熏炉电商UI。因为该香熏炉商品采用传统古典设计风格，所以该电商UI同样采用古典风格进行设计。使用简单的几何图形对界面进行切割，将多种传统风格的素材图

像与商品相结合，从而突出表现商品的古典气质，并且使用传统的书法字体来表现主题文字，使界面古典、唯美，给人留下深刻的印象。

实战练习 02　设计艺术香熏炉电商UI

视　频：资源包\视频\第6章\6-2-6.mp4　　源文件：资源包\源文件\第6章\6-2-6.psd

01 执行"文件>新建"命令，弹出"新建"对话框，参数设置如图6-69所示，单击"确定"按钮，新建一个空白文档。设置"前景色"的RGB值为(207,80,91)，为画布填充前景色，如图6-70所示。

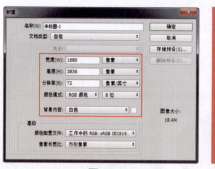 

图6-69　　　　　　　　　　　　　　　图6-70

02 新建名称为"顶层"的图层组，使用"钢笔"工具，在选项栏中设置"工具模式"为"形状"、"填充"的RGB值为(255,253,203)、"描边"为"无"，在画布中绘制一个图形，如图6-71所示。为该图层添加"描边"图层样式，在弹出的"图层样式"对话框中设置相关参数，如图6-72所示。

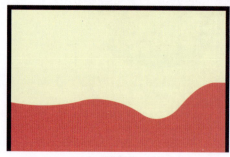 

RGB(242,166,166)

图6-71　　　　　　　　　　　　　　　图6-72

03 单击"确定"按钮，应用"描边"图层样式，效果如图6-73所示。新建"图层1"图层，使用"画笔"工具，在选项栏中设置"前景色"为白色，选择合适的柔角笔触，在画布中的合适位置进行涂抹，效果如图6-74所示。

图6-73　　　　　　　　　　　　　　　图6-74

04 执行"图层>创建剪贴蒙版"命令，为"图层1"图层创建剪贴蒙版，设置该图层的"不透明度"为"80%"，效果如图6-75所示。打开并拖入"资源包\源文件\第6章\素材\62601.png"图像素材文件，效果如图6-76所示。

图6-75　　　　　　　　　　　　　　图6-76

05 使用相同的制作方法，打开并拖入其他图像素材文件，如图6-77所示。为"图层4"图层添加图层蒙版，使用"画笔"工具，在选项栏中设置"前景色"为黑色，在图层蒙版中进行涂抹，并且设置该图层的"混合模式"为"正片叠底"，设置该图层的"不透明度"为"72%"，效果如图6-78所示。

图6-77　　　　　　　　　　　　图6-78

06 使用相同的制作方法，打开并拖入其他图像素材文件并分别进行相应的处理，效果如图6-79所示。新建名称为"文案"的图层组，使用"直排文字"工具，在"字符"面板中设置相关参数，在画布中输入相应的文字，如图6-80所示。

图6-79　　　　　　　　　　　　　图6-80

07 为该文字图层添加"渐变叠加"图层样式，在弹出的"图层样式"对话框中设置相关参数，如图6-81所示。单击"确定"按钮，应用"渐变叠加"图层样式，效果如图6-82所示。

图6-81　　　　　　　　　　　　　图6-82

08 使用相同的制作方法，打开并拖入相应的图像素材文件，完成相似文字效果的制作，效果如图6-83所示。使用"椭圆"工具，在选项栏中设置"填充"的RGB值为(87,38,28)，在画布中绘制一个正圆形，效果如图6-84所示。

图6-83   图6-84

09 使用相同的制作方法，完成该部分商品文案的制作，效果如图6-85所示。新建名称为"商品"的图层组，打开并拖入"资源包\源文件\第6章\素材\62614.png"商品图像素材文件，效果如图6-86所示。

图6-85   图6-86

10 添加"曲线"调整图层，在"属性"面板中对曲线进行设置，如图6-87所示。添加"亮度/对比度"调整图层，在"属性"面板中对相关参数进行设置，如图6-88所示。

图6-87   图6-88

11 为刚添加的"曲线"和"亮度/对比度"调整图层创建剪贴蒙版，效果如图6-89所示。新建图层，使用"椭圆选框"工具，在画布中绘制一个椭圆形选区，执行"选择>修改>羽化"命令，弹出"羽化选区"对话框，参数设置如图6-90所示。

图6-89　　　　　　　　　　　　　　图6-90

12 单击"确定"按钮，为该选区填充黑色，取消选区，设置该图层的"不透明度"为"60%"，调整图层叠放顺序，效果如图6-91所示。在"商品"图层组上方添加"曲线"调整图层，在"属性"面板中对曲线进行设置，如图6-92所示。

图6-91　　　　　　　　　　　　　　图6-92

13 在添加"曲线"调整图层后，按住Ctrl键，单击"形状1"图层缩览图，载入选区，为"曲线2"调整图层添加图层蒙版，效果如图6-93所示。在"顶层"图层组上方新建名称为"商品1"的图层组，使用"椭圆"工具在画布中绘制一个白色的正圆形，如图6-94所示。

图6-93　　　　　　　　　　　　　　图6-94

14 使用"椭圆"工具，在选项栏中设置"路径操作"为"减去顶层形状"，在刚绘制的正圆形上减去一个圆形，效果如图6-95所示。打开并拖入"资源包\源文件\第6章\素材\62612.png"图像素材文件，并且为该图层创建剪贴蒙版，如图6-96所示。

图6-95　　　　　　　　　　图6-96

15 使用"多边形"工具，在选项栏中设置"填充"为"无"、"描边"的RGB值为(78,89,63)、"描边宽度"为"30点"、"边"为"10"，在"设置"下拉面板中设置相关参数，在画布中绘制所需图形，为该图层创建剪贴蒙版，效果如图6-97所示。设置该图层的"混合模式"为"颜色加深"、"不透明度"为"15%"，效果如图6-98所示。

图6-97　　　　　　　　　　图6-98

16 使用相同的制作方法，添加"曲线"和"色彩平衡"调整图层，效果如图6-99所示。打开并拖入相应的图像素材文件并分别进行相应的处理，并且调整图层的叠放顺序，效果如图6-100所示。

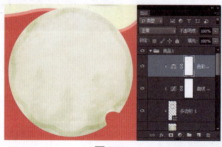

图6-99　　　　　　　　　　图6-100

17 在"商品"图层组中新建名称为"文字"的图层组，在画布中输入相应的文字并完成文字效果制作，如图6-101所示。在"商品1"图层组中新建名称为"1"的图层组，打开并拖入相应的商品图像素材文件并分别将其调整到合适的位置，如图6-102所示。

图6-101　　　　　　　　　　图6-102

18 使用"横排文字"工具，在"字符"面板中设置相关参数，在画布中输入相应的文字，如图6-103所示。使用"矩形"工具，在选项栏中设置"填充"的RGB值为(184,93,25)、"描边"为"无"，在画布中绘制一个矩形，如图6-104所示。

图6-103　　　　　　　　　　　　　图6-104

19 使用"直线"工具，在选项栏中设置"填充"的RGB值为(237,217,197)、"描边"为"无"、"粗细"为"1像素"，在画布中绘制一条直线，如图6-105所示。多次复制该图层，将复制得到的直线分别调整到合适的大小和位置，效果如图6-106所示。

图6-105　　　　　　　　　　　　　图6-106

20 使用"直排文字"工具，在画布中输入相应的文字，如图6-107所示。使用"椭圆"工具，在选项栏中设置"填充"的RGB值为(190,109,48)，在画布中绘制一个正圆形，并且复制刚绘制的正圆形，效果如图6-108所示。

图6-107　　　　　　　　　　　　　图6-108

21 使用"直排文字"工具，在画布中输入相应的文字，如图6-109所示。使用"矩形"工具，在选项栏中设置"填充"的RGB值为(241,188,139)，在画布中绘制一个矩形，如图6-110所示。

图6-109 　　　　　　　　　　　　　　　图6-110

22 将该图层栅格化为普通图层，执行"滤镜>模糊>高斯模糊"命令，弹出"高斯模糊"对话框，参数设置如图6-111所示。单击"确定"按钮，应用"高斯模糊"滤镜。使用"橡皮擦"工具，调整合适的笔触，对矩形相应部分进行擦除操作，效果如图6-112所示。

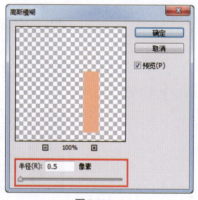

图6-111 　　　　　　　　　　　图6-112

23 使用"直排文字"工具，在画布中输入相应的文字，效果如图6-113所示。使用相同的制作方法，完成该部分其他内容的制作，效果如图6-114所示。

图6-113 　　　　　　　　　　　　图6-114

24 使用相同的制作方法，完成界面中其他部分的制作，效果如图6-115所示。完成该艺术香薰炉电商UI的设计与制作，最终效果如图6-116所示。

图6-115 图6-116

6.3 电商UI首屏布局要点

　　一个能引人驻足停留的首屏一定会为网站带来更多的客户和利益，在电商网站中，用户最急切需要获得的不外乎两点：吸引人的商品，以及网站给予用户的信任感。信任感需要积累，因此，各类宣传推广商品就成了电商网站首屏需要展示的内容。

6.3.1 确定首屏可视范围

　　不同的显示器有不同的分辨率，导致在浏览网站界面时不同系统分辨率中的可视面积不同。调查机构对超过30万个客户端进行测试，得到的测试数据如图6-117所示。

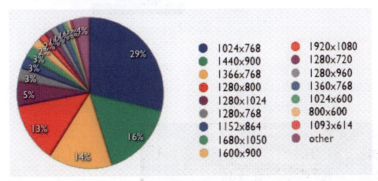

图6-117

　　根据图6-117可知，适合大部分用户浏览的安全分辨率为1024像素×768像素，可建议的大分辨率为1280像素×800像素。

　　根据以上对操作系统、浏览器和系统分辨率的分析，可以得出设计网页的安全宽度为1002像素，可建议的较大宽度为1258像素。

　　Windows 7的常见分辨率为1440像素×900像素，在去除系统任务栏、浏览器窗口的菜单栏和状态栏后得到的网站界面首屏可视高度平均值为716像素，如图6-118所示。

图6-118

因此，最符合时下趋势的首屏设计区域范围是1280像素×720像素，重要的内容尽量放置在这个区域内。大部分浏览者在进入电商网站时都能够看到首屏内容，所以首屏通常用于放置宣传广告、界面主题及重点推荐商品，使消费者在进入该电商网站时被首屏信息吸引，如图6-119所示。

在该小家电商品电商网站的首屏设计了小家电商品的宣传海报，当消费者进入该电商网站时，就能够被设计精美的商品宣传海报吸引，从而引起消费者对商品的关注

在该化妆品电商网站的首屏中放置的是化妆品促销活动广告，用于突出表现商品促销主题；在该促销活动广告下方设计了优惠券，给用户直观的吸引，引导用户领取优惠券并进行消费

图6-119

6.3.2 展示吸引用户的信息

首屏在电商网站中起着非常重要的宣传展示作用，此处设计的宣传展示内容，文字应该短小精悍，尽可能用最短的篇幅将主题信息表达清楚。标题性文字应该将商家的商业诉求清晰、直接地表达出来，在这类文字的策划上需要注意符合电商UI的整体风格。图6-120所示为电商网站首屏展示的信息。

在该儿童食品电商网站的首屏中，商品促销海报设计采用卡通画风格，符合儿童对卡通风格喜欢的特点，并且促销主题文字简洁、清晰，可以有效突出商品和主题

图6-120

6.3.3 明确清晰的视觉焦点

大部分消费者在浏览电商网站时都是走马观花式的，根据国内电商网站的普遍布局风格，消费者进入电商网站首屏的视觉焦点通常都以Banner宣传广告和导航为主。因此，无论表现的是文字还是宣传广告，都应该让浏览者一眼看清内容，减少思考的时间。设计师在设计电商网站首屏时，可以通过将界面"去色"来验证电商网站首屏中的视觉焦点是否显眼。图6-121所示为电商网站首屏中清晰显眼的视觉焦点。

对比该电商网站首屏去色前后的效果，可以看出，首屏中的主题文字、商品和优惠券信息非常显眼，即使在将界面"去色"后，因为采用了明度对比的配色方式，所以依然可以一眼看清主题、商品等重要信息

图6-121

6.3.4 运用图像，便于理解

要让消费者在很短的时间内了解电商网站或商家发布的一系列信息，单凭简短的文字是远远不够的，必须借助图像才能更好地衬托和表现主题。选择的图像素材文件应该对主题的表达有所帮助，并且与界面视觉风格保持统一。图6-122所示为使用图像素材文件帮助表达主题的电商网站首屏。

在该乳胶枕商品的电商网站首屏中，使用茂密的绿色森林背景突出表现该乳胶枕商品的纯天然、健康品质，将绿色与白色进行搭配，使界面的视觉效果更加清新、自然

图6-122

6.3.5 首屏要强调主体

电商网站首屏的风格是设计目的决定的，在进行设计前，必须了解首屏在该电商网站中起什么作用。在一般情况下，电商网站首屏主要用于进行推广宣传，如商品推广宣传、店铺推广宣传、促销活动宣传等。图6-123所示为用于进行商品推广宣传的首屏设计，图6-124所示为用于进行促销活动宣传的首屏设计。

以商品推广为主题的首屏一般会使用商品的卖点、优惠等信息组成文案，再搭配商品推广的主题图片

促销活动宣传很难使用简单的文案在首屏中描述清楚，所以要尽量使用富有视觉冲击力的字、词吸引浏览者

图6-123

图6-124

6.3.6　适当添加交互效果

在电商网站用户体验比较流畅的基础上，可以在首屏中适当地加入一些交互动画效果。例如，在首屏中添加滚动焦点图，可以展示多个宣传广告，并且使界面更生动，从而吸引用户的注意力。图6-125所示为交互动画效果在首屏中的应用。

在该电商网站首屏中，使用滚动焦点图集中展示电商网站中的最新促销活动信息和最新商品信息，可以自动定时切换，或者单击左右箭头进行切换

图6-125

6.3.7　符合视觉习惯的图文混排

单一的文字或图片会使浏览者产生厌倦感，将图文混排能够很好地弥补这一点。在进行图文混排时，在布局上尽量做到错落有致，使用户的视线能够顺畅地转移，从而保证展示内容的可读性。图6-126所示为采用图文混排的电商网站首屏设计。

重点促销信息采用对比的表现形式，使用红色背景进行衬托，使商品信息更加突出

该化妆品电商网站首屏采用左文右图的表现形式，将创意设计的商品图片与简洁的主题文字相结合，表现效果非常直观

图6-126

6.3.8　设计促销活动界面

本案例主要介绍如何设计促销活动界面。通过对文字进行简单的变形处理，可以有效突出活动的主题。采用图文结合的方式，将每个活动商品都单独设计成一张广告图片的形式，使商品信息明确而醒目，可以有效突出活动商品的表现效果。

实战练习 03　　**设计促销活动界面**

视 频：资源包\视频\第6章\6-3-8.mp4　　　源文件：资源包\源文件\第6章\6-3-8.psd

01 执行"文件>新建"命令，弹出"新建"对话框，参数设置如图6-127所示，单击"确定"按钮，新建
一个空白文档。新建名称为"海报"的图层组，打开并拖入"资源包\源文件\第6章\素材\63801.jpg"
图像素材文件，并且将其调整到合适的大小和位置，效果如图6-128所示。

图6-127　　　　　　　　　　　　图6-128

02 使用"椭圆"工具，在选项栏中设置"填充"的RGB值为(91,39,137)、"描边"为"无"，在画布中
绘制一个正圆形，如图6-129所示。打开并拖入相应的商品图像素材文件，并且将其调整到合适的大
小和位置，然后将其调整至"椭圆1"图层下方，如图6-130所示。

图6-129　　　　　　　　　　　　图6-130

03 使用"多边形"工具，在选项栏中设置"填充"为"无"、"描边"的RGB值为(249,185,51)、"描边
宽度"为"20点"、"边"为"3"，在画布中绘制一个三角形，如图6-131所示。为该图层添加图层蒙
版，使用"矩形选框"工具，在画布中绘制一个矩形选区，为该选区填充黑色，取消选区，效果如图6-132
所示。

图6-131　　　　　　　　　　　　图6-132

04 使用"横排文字"工具，在"字符"面板中设置相关参数，在画布中输入相应的文字，如图6-133所示。为该文字图层添加"描边"图层样式，在弹出的"图层样式"对话框中设置相关参数，如图6-134所示。

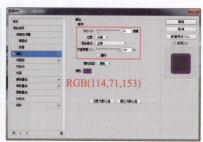

图6-133 图6-134

05 单击"确定"按钮，应用"描边"图层样式，效果如图6-135所示。使用"钢笔"工具，在选项栏中设置"填充"为白色、"描边"为"无"，在画布中绘制所需图形，并且为该图层创建剪贴蒙版，如图6-136所示。

图6-135 图6-136

06 使用相同的制作方法，完成文字部分其他高光图形的绘制，如图6-137所示。使用相同的制作方法，在画布中输入相应的文字，为文字添加"描边"图层样式，并且绘制相应的高光图形，如图6-138所示。

图6-137 图6-138

07 新建图层，使用"画笔"工具，在选项栏中设置"前景色"的RGB值为(114,71,153)，对文字描边的空隙部分进行涂抹，如图6-139所示。同时选中"多边形1"图层及其上的所有图层，按快捷键Ctrl+T，显示自由变换框，对选中的图层进行旋转操作，效果如图6-140所示。

图6-139 图6-140

08 在"海报"图层组上方新建名称为"优惠券"的图层组，使用"圆角矩形"工具，在选项栏中设置"填充"的RGB值为(254,228,79)、"半径"为"3像素"，在画布中绘制一个圆角矩形，如图6-141所示。使用"横排文字"工具，在画布中输入相应的文字，如图6-142所示。

图6-141   图6-142

09 在"优惠券"的图层组中新建名称为"优惠券1"的图层组，使用"矩形"工具，在选项栏中设置"填充"的RGB值为(107,3,5)、"描边"为"无"，在画布中绘制一个矩形，如图6-143所示。使用"椭圆"工具，在选项栏中设置"路径操作"为"减去顶层形状"，在该矩形中减去相应的正圆形，如图6-144所示。

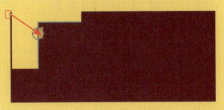

图6-143   图6-144

10 使用"路径选择"工具选中刚绘制的正圆形路径，同时按住Alt键和鼠标左键，拖动鼠标复制该正圆形路径，将其复制多次，效果如图6-145所示。使用相同的制作方法，输入相应的文字并绘制圆角矩形，效果如图6-146所示。

图6-145   图6-146

11 使用相同的制作方法，完成该部分其他内容的制作，效果如图6-147所示。在"优惠券"图层组上方新建名称为"分类"的图层组，使用"矩形"工具，在选项栏中设置"填充"的RGB值为(255,197,0)、"描边"为"无"，在画布中绘制一个矩形，如图6-148所示。

图6-147   图6-148

12 使用"横排文字"工具，在"字符"面板中设置相关参数，在画布中输入相应的文字，如图6-149所示。为该文字图层添加"投影"图层样式，在弹出的"图层样式"对话框中设置相关参数，如图6-150所示。

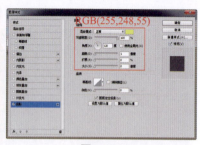

图6-149 图6-150

13 单击"确定"按钮，应用"投影"图层样式，效果如图6-151所示。新建图层，使用"画笔"工具，在选项栏中设置前景色的RGB值为(194,25,7)，在画布中进行涂抹，为该图层创建剪贴蒙版，效果如图6-152所示。

图6-151 图6-152

14 使用相同的制作方法，输入其他文字并绘制直线，效果如图6-153所示。在"分类"图层组中新建名称为"分类1"的图层组，使用"矩形"工具，在选项栏中设置"填充"的RGB值为(251,244,57)、"描边"为"无"，在画布中绘制一个矩形，如图6-154所示。

图6-153 图6-154

15 使用"矩形"工具，在选项栏中设置"填充"的RGB值为(107,3,5)、"描边"为"无"，在画布中绘制一个矩形，如图6-155所示。打开并拖入相应的图像素材文件，并且输入相应的文字，完成该部分其他内容的制作，效果如图6-156所示。

图6-155 图6-156

16 使用"矩形"工具，在选项栏中设置"填充"的RGB值为(222,2,89)、"描边"为"无"，在画布中绘制一个矩形，如图6-157所示。执行"文件>新建"命令，弹出"新建"对话框，参数设置如图6-158所示，单击"确定"按钮，新建一个透明背景文档。

图6-157　　　　　　　　　　　图6-158

17 将新建的透明背景文档放大，沿文档对角线绘制矩形选区并为其填充白色，效果如图6-159所示。按快捷键Ctrl+D，取消选区，执行"编辑>定义图案"命令，弹出"图案名称"对话框，参数设置如图6-160所示，单击"确定"按钮，定义图案。

图6-159　　　　　　　　　　　图6-160

18 返回设计文档，为"矩形5"图层添加"图案叠加"图层样式，在弹出的"图层样式"对话框中设置相关参数，如图6-161所示。单击"确定"按钮，应用"图案叠加"图层样式，效果如图6-162所示。

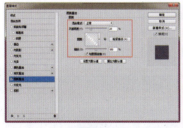

图6-161　　　　　　　　　　　图6-162

19 新建名称为"按钮1"的图层组，使用"椭圆"工具，在选项栏中设置"填充"的RGB值为(239,43,45)、"描边"的RGB值为(223,7,93)、"描边宽度"为"10点"，按住Shift键，在画布中绘制一个正圆形，如图6-163所示。新建图层，使用"多边形"工具，在选项栏中设置"填充"为"无"、"描边"为白色、"描边宽度"为"3点"、"边"为"6"，在画布中绘制一个六边形，如图6-164所示。

图6-163　　　　　　　　　　　图6-164

20 使用"横排文字"工具，在画布中输入相应的文字，如图6-165所示。使用"直线"工具，在选项栏中设置"填充"为白色、"描边"为"无"，在画布中绘制两条直线，如图6-166所示。

图6-165　　　　　　　　图6-166

21 使用相同的制作方法，完成其他相似按钮的制作，效果如图6-167所示。新建名称为"导航"的图层组，使用"矩形"工具，在选项栏中设置"填充"的RGB值为(54,0,88)、"描边"为"无"，在画布中绘制一个矩形，如图6-168所示。

图6-167　　　　　　　　　　　　图6-168

22 复制"矩形6"图层，得到"矩形6拷贝"图层。将复制得到的矩形填充颜色的RGB值修改为(73,3,119)，使用"直接选择"工具选中该矩形右上角的锚点并调整其位置，效果如图6-169所示。使用"横排文字"工具在画布中输入相应的文字，使用"直线"工具在画布中绘制两条直线，效果如图6-170所示。

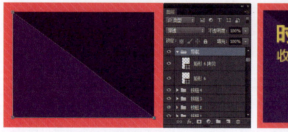

图6-169　　　　　　　　　　　　图6-170

23 使用相同的制作方法，完成该部分其他内容的制作，效果如图6-171所示。在"导航"图层组上方新建名称为"推荐商品1"的图层组，使用"矩形"工具，在选项栏中设置"填充"为白色、"描边"为"无"，在画布中绘制一个矩形，如图6-172所示。

图6-171

图6-172

24 打开并拖入"资源包\源文件\第6章\素材\63807.jpg"图像素材文件，将其调整到合适的大小和位置，并且为该图层创建剪贴蒙版，如图6-173所示。使用相同的制作方法，打开并拖入其他图像素材文件，并且分别对其进行处理，效果如图6-174所示。

图6-173

图6-174

25 使用"横排文字"工具，在"字符"面板中设置相关参数，在画布中输入相应的文字，如图6-175所示。为该文字图层添加"描边"图层样式，在弹出的"图层样式"对话框中设置相关参数，如图6-176所示。

图6-175

图6-176

26 单击"确定"按钮，应用"描边"图层样式，效果如图6-177所示。使用相同的制作方法，在画布中输入其他文字，并且分别为其添加相应的图层样式，效果如图6-178所示。

图6-177

图6-178

27 新建图层，使用"画笔"工具，在选项栏中设置"前景色"的RGB值为(81,5,9)，选择硬边笔触，在文字的空隙部分进行涂抹，将该图层移至文字图层下方，效果如图6-179所示。使用"钢笔"工具，在选项栏中设置"填充"的RGB值为(220,117,48)、"描边"为"无"，在画布中绘制所需图形，如

图6-180所示。

图6-179 　　　　　　　　　　　　　　　图6-180

28 为该图层创建剪贴蒙版，并且设置其"不透明度"为"50%"，如图6-181所示。新建"图层17"图层，使用"画笔"工具，在选项栏中设置"前景色"为白色，选择柔角笔触，并且设置笔触不透明度，在文字图层的合适位置进行涂抹，效果如图6-182所示。

图6-181 　　　　　　　　　　　　　　　图6-182

29 为该图层创建剪贴蒙版，并且设置其"混合模式"为"变亮"，设置其"不透明度"为"70%"，如图6-183所示。使用相同的制作方法，打开并拖入其他图像素材文件，并且进行文字修饰处理，效果如图6-184所示。

图6-183 　　　　　　　　　　　　　　　图6-184

30 使用"矩形"工具，在选项栏中设置"填充"的RGB值为(94,15,12)、"描边"为"无"，在画布中绘制一个矩形，并且使用"直接选择"工具对该矩形锚点进行调整，如图6-185所示。使用相同的制作方法，绘制正圆形和直线，并且输入相应的文字，效果如图6-186所示。

图6-185 　　　　　　　　　　　　　　　图6-186

31 使用"钢笔"工具，在选项栏中设置"工具模式"为"路径"，在画布中绘制一条路径，如图6-187所示。按快捷键Ctrl+Enter，将该路径转换为选区，执行"选择>修改>羽化"命令，弹出"羽化选区"对话框，设置"羽化半径"为"20像素"，新建图层，为该选区填充黑色，取消选区，效果如图6-188所示。

图6-187   图6-188

32 将该图层移至"推荐商品1"图层组的最底层，并且将该阴影部分调整到合适的大小和位置，效果如图6-189所示。使用相同的制作方法，完成界面中其他内容的制作，效果如图6-190所示。

图6-189   图6-190

33 完成该促销活动界面的设计与制作，最终效果如图6-191所示。

图6-191

6.4 商品列表界面布局

商品列表界面又称为商品聚合页，该界面可以为消费者提供更完善的商品种类选择服务。商品列表界面的最大特点是信息量大、商品图片多，所以布局是否清晰、合理是商品列表界面设计的重点。

6.4.1 商品列表界面的布局表现形式

目前，在电商网站中，商品列表界面的布局表现形式主要有3种，分别为"行列排列"、"特别款突出"和"瀑布流"。这3种布局表现形式各有特点，设计师应该根据商品的特点选择合适的布局表现形式。

1. 行列排列

如果商品的种类、数量繁多，规整的"行列排列"布局表现形式更有利于用户找到所需商品，也是目前电商网站中一种常见的商品列表界面布局表现形式，如图6-192所示。

图6-192

2. 特别款突出

特别款突出商品列表界面布局表现形式是指在同一类商品中使用大图突出某一款商品的表现，常用于节日活动的宣传促销界面中，如图6-193所示。

图6-193

3. 瀑布流

瀑布流是近几年流行起来的商品列表界面布局表现形式，在流行时尚领域的电商网站界面中应用较多，如图6-194所示。

图6-194

6.4.2　展示有用的商品信息

商品列表界面相较于其他界面会显得有些拥挤，因此设计师更应该在有限的区域内将最重要的商品信息展示给消费者。在浏览商品列表界面时，消费者对于商品的细节描述并不是很在意，商品图片、商品名称及价格信息即可满足该界面中商品信息的需求。在图6-195所示的商品列表界面中，主要展示了商品图片、商品名称和价格信息，内容简洁、清晰。

图6-195

6.4.3　鼠标指针悬停产生交互效果

对于大部分电商网站的商品列表界面，在将鼠标指针悬停在某个商品上时，都会产生交互效果，虽然只是一个很小的效果，但是它却体现了网站与消费者之间的互动与反馈。

图6-196所示为"天猫"网站的商品列表界面，在将鼠标指针悬停在某个商品范围内时，该商品的边框会变成红色，与其他商品进行区分，起到突出显示的作用。

图6-196

6.4.4　适量的附加信息

商品列表界面应该尽量做到简洁、清晰，但在此基础上适当地增加一些有助于消费者挑选商品的附加信息，可以起到锦上添花的作用。

图6-197所示为"聚美优品"网站的商品列表界面，在将鼠标指针移至某个商品范围内时，会提供该商品的多角度图片，用户无须进入详情页面就能看到商品不同角度的图片。

图6-197

6.4.5 添加推荐商品刺激消费

推荐商品可以放置在电商网站的商品列表界面中。虽然首页首屏是网站中最佳的黄金宣传位置，但所起到的效果不一定是最理想的，根据商品的类型将推荐商品安排在商品列表界面中，同样可以起到事半功倍的促销效果。

图6-198所示为"京东"网站的"洗衣机"商品列表界面，将洗衣机的相关推荐商品放置在商品列表的头部，可以让有洗衣机购买需求的用户看到。

图6-198

6.4.6 减少操作步骤

在商品列表界面中，尽可能减少用户购买商品的操作步骤，但是前提是全面展示商品信息，在此基础上可以添加"直接购买"按钮，使浏览者无须进入商品详情页面，即可直接购买商品。

图6-199所示为"苏宁易购"网站的商品列表界面，在每个商品信息下方，除了为用户提供常见的"加入购物车"按钮，还提供"对比"和"关注"等功能按钮，方便用户在不进入商品详情页面的情况下进行更多的操作。

图6-199

6.4.7 了解顾客心理

网上购物人群通常具有从众心理，因此，买过商品的顾客对该商品的评价对消费者来说很有说服力，商家可以利用这一点，在进行商品列表界面设计时做出一些小小的改变。

图6-200所示为"京东"网站的商品列表界面，每个商品信息下方都会显示历史购买评价数，这样能让消费者更直观地看到商品的人气指数。

图6-200

6.4.8 设计童装节日促销页面

本案例主要介绍如何设计童装节日促销页面。使用鲜艳的色彩和丰富的卡通元素使整个页面充满童趣，在页面中为不同分类的商品图像填充不同的背景颜色，便于浏览者区分，整齐排列的商品图像能够给人一种规则、有秩序的感觉。

实战练习 04　设计童装节日促销页面

视　频：资源包\视频\第6章\6-4-8.mp4　　源文件：资源包\源文件\第6章\6-4-8.psd

01 执行"文件>新建"命令，弹出"新建"对话框，参数设置如图6-201所示，单击"确定"按钮，新建一个空白文档。新建名称为"海报"的图层组，打开并拖入"资源包\源文件\第6章\素材\64701.jpg"图像素材文件，并且将其调整到合适的大小和位置，效果如图6-202所示。

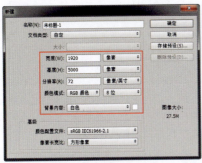

图6-201　　　　　　　　　　　　　　　　　　　　　图6-202

02 打开并拖入其他图像素材文件，分别将其调整到合适的大小和位置，并且为该图层创建剪贴蒙版，效果如图6-203所示。使用"钢笔"工具，在选项栏中设置"工具模式"为"路径"，在画布中绘制一条曲线路径，效果如图6-204所示。

图6-203　　　　　　　　　　　　　　　　　　图6-204

03 使用"横排文字"工具，在"字符"面板中设置相关参数，在路径上输入路径文字，如图6-205所示。为该文字图层添加"投影"图层样式，在弹出的"图层样式"对话框中设置相关参数，如图6-206所示。

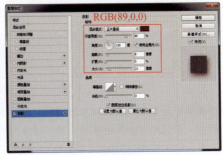

图6-205　　　　　　　　　　　　　　　　　　图6-206

04 单击"确定"按钮，应用"投影"图层样式，效果如图6-207所示。使用相同的制作方法，完成其他文字效果的制作，效果如图6-208所示。

图6-207 图6-208

 提示　此处制作的文字效果是一种简单的上弧形效果，除了可以使用路径文字实现这种效果，还可以使用变形文字实现这种效果。

05 在"海报"图层组上方新建名称为"推荐"的图层组，使用"矩形"工具，在选项栏中设置"填充"的RGB值为(243,189,29)，在画布中绘制一个矩形，如图6-209所示。打开并拖入"资源包\源文件\第6章\素材\64704.png"图像素材文件，并且将其调整到合适的大小和位置，如图6-210所示。

图6-209 图6-210

06 打开并拖入"资源包\源文件\第6章\素材\64705.png"图像素材文件，将该图像素材文件复制多次，将复制得到的图像分别调整到合适的大小和位置，如图6-211所示。使用"圆角矩形"工具，在选项栏中设置"填充"的RGB值为(126,212,176)、"半径"为"8像素"，在图画布中绘制一个圆角矩形，如图6-212所示。

图6-211 图6-212

07 将该圆角矩形复制两次，将复制得到的圆角矩形分别调整到合适的大小和位置，并且为其填充合适的颜色，在画布中输入相应的文字，效果如图6-213所示。使用"圆角矩形"工具，在选项栏中设置"填充"为白色、"半径"为"100像素"，在画布中绘制一个圆角矩形，如图6-214所示。

图6-213　　　　　　　　　　　　　图6-214

08 为该图层添加"投影"图层样式，在弹出的"图层样式"对话框中设置相关参数，如图6-215所示。单击"确定"按钮，应用"投影"图层样式，效果如图6-216所示。

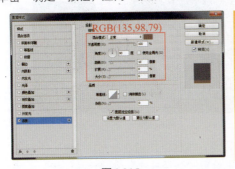

图6-215　　　　　　　　　　　　　图6-216

09 将"推荐"图层组中新建名称为"优惠券"的图层组，使用"矩形"工具，在选项栏中设置"填充"的RGB值为(2,195,150)，在画布中绘制一个矩形，如图6-217所示。使用相同的制作方法，绘制白色的矩形并输入相应的文字，效果如图6-218所示。

图6-217　　　　　　　　　　　　　图6-218

10 使用"圆角矩形"工具，在选项栏中设置"填充"为白色、"半径"为"10像素"，在画布中绘制一个圆角矩形，如图6-219所示。使用相同的制作方法，绘制矩形并输入相应的文字，效果如图6-220所示。

图6-219　　　　　　　　　　　　　图6-220

11 使用相同的制作方法，完成该部分优惠券的制作，效果如图6-221所示。在"优惠券"图层组上方新建名称为"推荐商品"的图层组，打开并拖入"资源包\源文件\第6章\素材\64706.jpg"图像素材文件，并且将其调整到合适的大小和位置，如图6-222所示。

图6-221 图6-222

12 打开并拖入抠取出来的商品图像素材文件"资源包\源文件\第6章\素材\64707.png"，并且将其调整到合适的位置，如图6-223所示。使用"横排文字"工具，在画布中输入相应的文字，效果如图6-224所示。

图6-223 图6-224

13 使用"椭圆"工具，在选项栏中设置"填充"为白色，按住Shift键在画布中绘制一个正圆形，如图6-225所示。使用"多边形"工具，在选项栏中设置"路径操作"为"合并形状"、"边"为"3"，在刚绘制的正圆形中添加一个三角形，如图6-226所示。

图6-225 图6-226

14 使用"横排文字"工具，在画布中输入相应的文字，使用相同的制作方法，完成相似图形的制作，效果如图6-227所示。使用"椭圆"工具，在选项栏中设置"填充"的RGB值为(241,89,42)，按住Shift键，在画布中绘制一个正圆形，如图6-228所示。

图6-227 图6-228

15 使用"矩形"工具，在选项栏中设置"路径操作"为"减去顶层形状"，在刚绘制的正圆形中减去一个矩形，效果如图6-229所示。使用"多边形"工具，在选项栏中设置"路径操作"为"合并形状"、"边"为"3"，在该图形的基础上添加一个三角形，效果如图6-230所示。

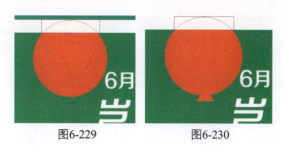

图6-229　　　　　　　图6-230

16 使用"矩形"工具，在选项栏中设置"路径操作"为"合并形状"，在该图形的基础上添加一个矩形，效果如图6-231所示。使用"横排文字"工具，输入相应的文字，拖入其他图像素材文件，效果如图6-232所示。

图6-231　　　　　　　　　图6-232

17 打开并拖入相应的图像素材文件，使用"椭圆"工具绘制白云装饰图案，完成该部分内容的制作，效果如图6-233所示。在"推荐"图层组上方新建名称为"爆款热卖"的图层组，使用"矩形"工具，在选项栏中设置"填充"的RGB值为(13,162,160)、"描边"为"无"，在画布中绘制一个矩形，如图6-234所示。

图6-233　　　　　　　　　图6-234

18 使用"直线"工具，在选项栏中设置"填充"为"无"、"描边"为白色、"描边宽度"为"6点"、"描边类型"为"虚线"、"粗细"为"3像素"，按住Shift键，在画布中按住鼠标左键并拖动鼠标，从而绘制一条虚线，如图6-235所示。使用相同的制作方法，绘制两条虚线，效果如图6-236所示。

图6-235　　　　　　　　　图6-236

19 使用"直线"工具，在选项栏中设置"填充"的RGB值为(251,185,89)、"描边"为"无"、"粗细"为"6像素"，在画布中绘制两条直线，如图6-237所示。使用"横排文字"工具，在画布中输入相应的文字，打开并拖入相应的图像素材文件，效果如图6-238所示。

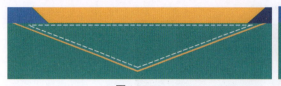
图6-237

图6-238

20 使用"圆角矩形"工具，在选项栏中设置"填充"为"无"、"描边"为白色、"描边宽度"为
"4点"、"描边类型"为"实线"、"半径"为"3像素"，在画布中绘制一个圆角矩形，如
图6-239所示。在"爆款热卖"图层组中新建名称为"商品"的图层组，打开并拖入"资源包\源文件\第6章\
素材\64712.png"图像素材文件，并且将其调整到合适的位置，如图6-240所示。

图6-239

图6-240

21 为该图层添加"投影"图层样式，在弹出的"图层样式"对话框中设置相关参数，如图6-241所示。
单击"确定"按钮，应用"投影"图层样式，效果如图6-242所示。

图6-241

图6-242

22 使用"椭圆"工具，在选项栏中设置"填充"的RGB值为(33,185,232)、"描边"为"无"，在画布
中绘制一个正圆形，如图6-243所示。使用"横排文字"工具，在画布中输入相应的文字，并且使用
"矩形"工具绘制一个矩形，效果如图6-244所示。

图6-243

图6-244

23 使用相同的制作方法，完成该部分内容的制作，效果如图6-245所示。打开并拖入相应的图像素材文
件，并且分别将其调整到合适的大小和位置，完成该部分内容的制作，效果如图6-246所示。

图6-245　　　　　　　　　　　　　图6-246

24 在"爆款热卖"图层组上方新建名称为"短裤/七分裤"的图层组，使用相同的制作方法，完成该部分内容的制作，效果如图6-247所示。在"短裤/七分裤"图层组上方新建名称为"夏款套装"的图层组，使用相同的制作方法，完成该部分内容的制作，效果如图6-248所示。

图6-247　　　　　　　　　　　　　图6-248

25 完成该童装节日促销页面的设计制作，最终效果如图6-249所示。

图6-249

6.5 本章小结

　　电商UI的构图与布局是电商UI展现其美观性、实用性的重要方法。本章重点向读者介绍了电商UI的构图标准、构图方法、首屏布局及商品列表界面布局，并且通过讲解案例向读者介绍了电商UI构图和布局的表现方法和技巧。希望读者通过学习本章内容，能够很好地理解并掌握电商UI的构图和布局。

第7章 移动电商UI设计

智能移动设备成为互联网的新生物，加快了移动互联网的发展脚步，各大电商网站纷纷开发了自己的移动电商App，面对众多的移动电商App，如何使自己的移动电商App脱颖而出呢？首先需要做好的就是移动电商UI设计。本章主要向读者介绍移动电商UI设计的相关基础知识，并且通过多款移动电商UI设计案例向读者讲解移动电商UI设计的方法和技巧。

7.1 了解移动电商UI设计

移动端屏幕相对较小，更需要设计师进行精心设计，使移动电商UI能够有效地突出商品信息和活动信息，并且赏心悦目。

7.1.1 什么是移动电商App

随着智能手机等智能移动设备的不断普及，人们对手机应用软件的需求越来越多，手机移动操作系统厂商都不约而同地建立了手机设备应用市场，如Apple的App Store、Google的Android Market等，给智能移动设备的终端用户带来大量的应用软件。

App的英文全称为Application，在智能手机与平板电脑领域，App是安装在智能移动设备中的应用程序。智能手机和平板电脑的软件客户端可以称为App客户端。图7-1所示为可应用于iOS系统的App，图7-2所示为可应用于Android系统的App。

图7-1   图7-2

简单地说，移动电商App就是安装在智能手机或平板电脑上的用于进行商品买卖的第三方应用程序。一个优秀的移动电商App，既要从商城的实际需求出发，又要能够紧紧围绕用户体验，还要具有良好的视觉效果。图7-3所示为常见的移动电商App。

图7-3

7.1.2 如何进行移动电商App的UI设计

由于市场竞争激烈，应用系统已经成为用户直接操作和应用的主体，因此移动电商App要以操作便捷、美观、实用为基础。

1. 清晰的定位

在进行移动电商App的UI设计前，需要明确该移动电商App的定位、目标人群。例如，一款关于服务的移动电商App，用户信息中最重要的信息是服务，在该移动电商App的UI设计中，需要将服务放置在最前面，并且对其他信息进行简化处理。这样做可以加强用户体验，使用户关注主要内容，用户关注的内容越多，进行交易的可能性就越高。

图7-4所示的移动电商App主要针对青春、时尚的女性用户，在该移动电商App的UI设计中使用比较鲜艳的红紫色和橙色进行搭配，表现出活跃感与时尚感。图7-5所示的移动电商App主要针对成熟、有一定消费能力的女性用户，在该移动电商App的UI设计中使用明度和饱和度较低的色彩作为界面主色调，并且使用精致的模特表现商品，体现出很浓的欧美奢华风。

图7-4   图7-5

2. 交易按钮非常重要

在移动电商UI设计中，交易按钮需要始终保持在手机屏幕的可见范围内，可以将交易按钮设计成与界面反差较大、比较醒目的颜色，使用户更加快捷地购买商品，但注意不能干扰用户体验。图7-6所示为移动电商UI中的交易按钮。

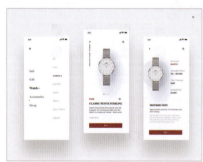 

在移动电商UI中通常使用色彩鲜艳的大色块表现交易按钮，视觉效果非常突出，引导用户进行商品购买操作

图7-6

3. 使用户能够快速找到所需商品

用户通常并不关心移动电商App中的商品种类如何繁多，商品分类设计得如何巧妙，用户只关心是否能够通过简单的操作快速地找到自己感兴趣的商品。所以在进行移动电商UI设计时，除了需要为用户提供明确的商品搜索功能，还需要对商品分类进行精简和合并，尽可能减少商品分类层次，使用户能够更加便捷地查找所需商品。图7-7所示为移动电商UI中为用户提供的商品搜索功能和商品分类设计。

使用不同的背景颜色、直观的人物形象与简洁的文字来划分不同的商品分类，表现效果非常直观、清晰，便于用户操作

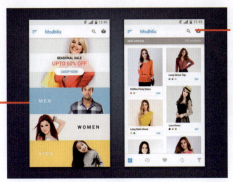

在界面标题栏右侧放置"搜索"和"购物车"按钮，用户无论位于什么位置，都可以快速切换到商品搜索界面或购物车界面

图7-7

4. 提供即时沟通方式

电子邮件的通信方式不适合用于移动端。无论是PC端还是移动端的电商应用软件，都需要提供即时沟通方式，便于用户及时与商家进行沟通，从而促进商品的销售。图7-8所示为移动电商App为消费者提供的即时沟通方式。

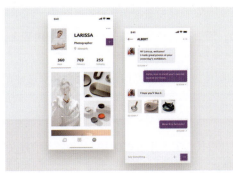

图7-8

7.1.3　移动电商App的基本设计流程

在一个成熟且高效的移动电商App开发团队中，UI设计师通常在前期就已经加入项目设计中了，会参与该移动电商App的软件定位、目标人群、设计风格、色调、控件等多方面问题的探讨。这样做的优点是可以保持设计风格的一致性，并且在确定设计风格后，UI设计师可以立刻着手效果图的设计和多套方案的整理，从而有效地节约时间。

移动电商App设计的大致流程主要可以分为如下几步。

（1）确定软件定位。明确该移动电商App的功能、目标人群等。

（2）确定视觉风格。根据移动电商App的功能、目标人群和商业价值等，确定移动电商App的视觉风格。

（3）确定组件类型。在移动电商App界面中，确定移动电商App的组件类型。

（4）设计方案。在确定了移动电商App的软件定位、视觉风格和组件类型后，即可开始整理移动电商的UI设计方案。

（5）提交方案。提交移动电商App的UI设计方案，请专业人士进行测评，选择用户体验最优的方案。

（6）确定方案。在确定移动电商App的UI设计方案后，即可以该方案为基准进行美化设计。

7.2 移动电商UI设计趋势

　　随着智能移动设备和移动互联网的迅速发展，移动购物市场的交易额呈井喷式增长，并且改变了消费者的购物习惯。因为移动购物的时间很短，所以移动端电商网页的设计必须符合用户的购物需求。那么，移动电商网页的设计趋势是什么样的呢？

7.2.1　分析移动购物用户

　　知己知彼，百战百胜。既然移动电商UI是给智能移动设备用户设计的，那么就得充分了解智能移动设备用户的购物和搜索习惯。例如，用户在很短的时间内就需要做出购物抉择，所以，决定转化率的因素必须要呈现在移动电商UI中非常重要的位置。此外，关键词的优化布局也是需要考虑的。

7.2.2　移动电商UI转化率

　　移动电商UI的转化率如何才算是高？不同的企业对这个目标的设定不完全相同，有些是点击进入该界面就算完成一次转化，有些是购买了该商品才算完成一次转化。无论哪种目标，都应该遵循以下标准。

- 明确性：明确该移动电商UI应该取得什么样的结果。例如，以活动促销为目的的移动电商UI，其目标是提高商品的销售量，使其在一段时间内实现商品销量的大幅度增长。
- 可衡量性：具有对销售目标的衡量标准，如阶段性的商品销量或销售额的对比。
- 可达成性：能够根据企业现有的技术和经验，通过优化移动电商UI设计及专题内容来达到销售目标。
- 相关性：目标一定要和整个电商企业的其他目标相关，移动电商UI设计要尽量体现这种相关性。

7.2.3　移动电商UI的设计要点

1.　导航和商品层次结构

　　前面已经说过，移动用户在界面中的停留时间不会很长，因此移动电商UI中的导航必须可以让用户尽快进入商品界面，并且移动端电商的商品层次结构不能太深。

　　在图7-9所示的移动电商App中，使用商品图片与简洁的分类文字来表现商品分类，并且每个商品类别都使用不同的背景色，从而使用户在商品分类界面中进行选择时更加直观、清晰。

　　图7-10所示为某品牌手表的移动电商App，其通过侧滑交互菜单的形式来表现该品牌手表不同系列商品的分类，不论当前位于哪个界面，单击标题栏中的菜单按钮，都可以在界面中显示商品分类列表，操作非常方便。

图7-9

图7-10

2. 加载速度

移动电商UI的加载速度对移动用户来说非常重要，直接影响到用户体验。可以通过精简移动电商UI中的图片等方式提高移动电商UI的加载速度。

3. 商品图片和装饰性图案

移动电商UI主要用于展示商品，所以商品图片一定要清晰。在设计过程中，可以通过一些辅助性的装饰图案增强商品的表现效果，创新性越高，越能够吸引用户。在图7-11所示的移动电商UI中，为商品图片设计合理的装饰性图案，可以使商品图片的视觉效果更加突出。

图7-11

4. 排版和留白

移动电商UI中良好的排版和留白设计能够有效地优化用户的视觉体验，如图7-12所示。

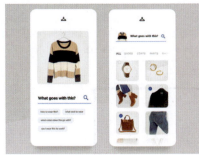

在移动电商UI中使用大量留白和纯色设计，使界面看起来更加清晰、简约，给人一种淡雅的感觉，使商品的视觉效果更加突出

图7-12

5. 手指操作友好

大部分使用智能移动设备进行购物的用户都是使用手指进行操作的，因此，文字大小、购买链接等一定要对手指操作友好，使用户能够使用手指轻松地进行操作，否则会引起用户厌烦的情绪。在图7-13所示的移动电商UI中，链接都使用大色块作为背景色，方便用户点击。

在移动电商UI中，使用大色块作为链接或按钮的背景色，可以有效突出链接和按钮的显示效果，并且使用户更容易进行点击

图7-13

6. 界面配色

移动电商UI通常使用纯色作为背景色，最常见的是纯白色，这样能够凸显界面中的内容，对于界面中重要的信息、按钮等，通常使用与其他内容相区别的特殊颜色突出表现，如图7-14所示。

图7-14

7.2.4 设计移动端商品促销活动界面

本案例主要介绍如何设计一个移动端商品促销活动界面。使用宣传广告图片，突出表现促销活动主题，商品排列聚焦但不拥挤，并且营造出浪漫、温馨的氛围。

实战练习 01 **设计移动端商品促销活动界面**

视 频：资源包\视频\第7章\7-2-4.mp4　　　源文件：资源包\源文件\第7章\7-2-4.psd

01 执行"文件>新建"命令，弹出"新建"对话框，参数设置如图7-15所示，单击"确定"按钮，新建一个空白文档。新建名称为"顶层"的图层组，使用"矩形"工具，在选项栏中设置"填充"的RGB值为(255,221,237)、"描边"为"无"，在画布中绘制一个矩形，如图7-16所示。

图7-15　　　　　　　　　　　　　　　　图7-16

02 打开并拖入"资源包\源文件\第7章\素材\72401.png"图像素材文件，并且将其调整到合适的大小和位置，效果如图7-17所示。执行"图层>创建剪贴蒙版"命令，为该图层创建剪贴蒙版，设置该图层的"混合模式"为"正片叠底"，效果如图7-18所示。

图7-17　　　　　　　　　　　　　　　　图7-18

03 打开并拖入其他图像素材文件，并且分别将其调整到合适的大小和位置，效果如图7-19所示。使用"横排文字"工具，在"字符"面板中设置相关参数，在画布中输入相应的文字，效果如图7-20所示。

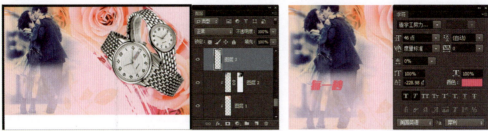

图7-19 图7-20

04 使用"横排文字"工具，在画布中输入其他文字，效果如图7-21所示。新建名称为"推荐"的图层组，使用"矩形"工具，在选项栏中设置"填充"的RGB值为(255,25,131)、"描边"为"无"，在画布中绘制一个矩形，如图7-22所示。

图7-21 图7-22

05 使用"横排文字"工具，在"字符"面板中设置相关参数，在画布中输入相应的文字，效果如图7-23所示。打开并拖入"资源包\源文件\第7章\素材\72404.png"图像素材文件，将其调整到合适的大小和位置，设置该图层的"不透明度"为"87%"，效果如图7-24所示。

图7-23 图7-24

06 打开并拖入商品图像素材文件，将其调整到合适的大小和位置，并且输入相应的文字，效果如图7-25所示。使用"矩形"工具，在选项栏中设置"填充"为"无"、"描边"的RGB值为(252,51,145)、"描边宽度"为"2点"，在画布中绘制一个矩形，如图7-26所示。

图7-25 图7-26

07 使用"横排文字"工具，在"字符"面板中设置相关参数，在画布中输入相应的文字，效果如图7-27所示。打开并拖入"资源包\源文件\第7章\素材\72406.png"图像素材文件，将其调整到合适的大小和位置，效果如图7-28所示。

图7-27   图7-28

08 打开并拖入"资源包\源文件\第7章\素材\72407.png"图像素材文件，将其调整到合适的大小和位置，为该图层创建剪贴蒙版，设置该图层的"不透明度"为"29%"，效果如图7-29所示。使用相同的制作方法，打开并拖入其他图像素材文件，并且分别进行相应的处理，效果如图7-30所示。

图7-29   图7-30

09 新建名称为"商品"的图层组，打开并拖入商品图像素材文件，将其调整到合适的大小和位置，并且输入相应的文字，效果如图7-31所示。使用相同的制作方法，完成商品列表的制作，效果如图7-32所示。

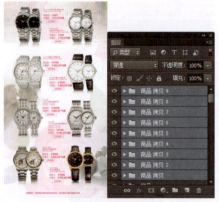

图7-31   图7-32

10 完成该移动端商品促销活动界面的设计与制作，最终效果如图7-33所示。

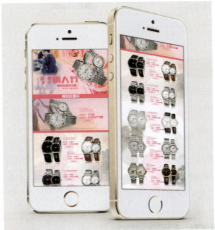

图7-33

7.3　移动电商UI设计的基本要求

移动电商UI设计与传统PC端电商网站UI设计有很大区别，移动电商UI要求在手机屏幕中使用户能够更加便捷地操作，为用户提供更加良好的用户体验，因此，遵守移动电商UI设计的基本要求非常重要。

7.3.1　以实用为基础

移动电商App的实用性是其应用的根本。在进行移动电商UI设计时，应该结合目标人群，合理地安排版式，从而达到美观、实用的目的。界面中的功能操作区、内容显示区、导航控制区都应该统一范畴，不同功能模块的相同操作区域中的元素，风格应该一致，使用户能迅速掌握对不同模块的操作方法，从而使整个界面在一个特有的整体中保持统一，如图7-34所示。

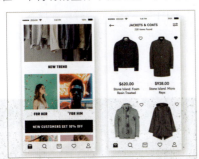
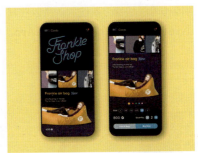

图7-34

7.3.2　色彩与风格统一

移动电商App中通常有多个界面，在同一个移动电商App界面中，色彩与风格应该保持统一。移动电商App界面的整体色调应该接近于类似系统界面的整体色调，一款界面色彩与风格不统一的移动电商App会给用户带来不适感。图7-35所示为色彩与风格统一的移动电商App界面。

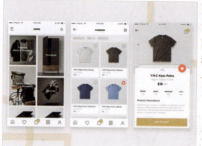

同一个移动电商App中包含的多个界面需要保持相同的配色和设计风格，这样可以使用户感觉整体统一、协调

图7-35

7.3.3 合理的配色

色彩会影响一个人的情绪，不同色彩会让人产生不同的心理效应。只有不断变化的事物才能引起人们的注意，将移动电商UI设计的色彩个性化，目的是通过色彩的变换协调用户的心理状态，让用户对该移动电商App保持新鲜感，如图7-36所示。

该品牌女鞋移动电商App主要面向成熟女性群体，为了体现品牌的高档感，使用黑色作为界面背景色，通过无彩色的搭配，使商品表现更加高档

该餐饮美食类移动电商App使用纯白色作为界面背景色，突出美食商品的色泽表现，为界面中的选项和按钮搭配橙色，给人欢乐、愉快的印象

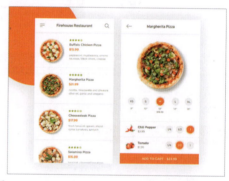

图7-36

7.3.4 规范的视觉流程

手机用户的操作习惯是基于系统的，所以在移动电商UI设计的操作流程中要遵循系统的规范性，使用户会使用手机，就会使用所设计的移动电商App，从而简化用户的操作流程，如图7-37所示。

在标题栏中添加"搜索"按钮，方便快速跳转到商品搜索界面

在商品列表界面中提供商品筛选功能，方便用户快速找到所需商品

侧滑导航菜单，方便用户在不同的界面中进行跳转

商品详情界面简洁、直观，用于提供必要的商品信息，表现形式新颖

图7-37

7.3.5 视觉元素规范

在移动电商UI的设计过程中，尽量使用较少的颜色表现色彩丰富的图像，确保数据量较小且图像效果良好，从而提高程序的工作效率，并且更好地表现移动电商App中的商品信息，如图7-38所示。

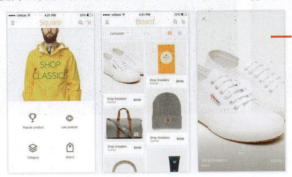

该移动电商App采用极简的设计风格，使用纯白色作为界面背景色，搭配简约的图形和商品图片，从而突出商品图片在界面中的效果

图7-38

移动电商App中的线条与色块都会使用程序来实现，这需要将程序部分和图像部分相结合。只有自然结合才能协调界面效果的整体感，所以需要程序开发人员与界面设计人员密切沟通。

7.3.6 设计时尚男装电商App

本案例主要介绍如何设计一个时尚男装电商App。通过绘制一些简约的象形图标与商品图片进行搭配，合理地划分界面区域，从而清晰地表现商品和商品相关信息；使用扁平化图形表示功能选项，使图标更加直观，具有更强的辨识性，配上相应的图片，使界面主题内容的表达更加直观、清晰。

实战练习 02　**设计时尚男装电商App**

视 频：资源包\视频\第7章\7-3-6.mp4　源文件：资源包\源文件\第7章\736-1.psd ～ 736-5.psd

01 执行"文件>新建"命令，弹出"新建"对话框，参数设置如图7-39所示，单击"确定"按钮，新建一个空白文档。设置"前景色"的RGB值为(28,0,61)，按快捷键Alt+Delete，为画布填充前景色，如图7-40所示。

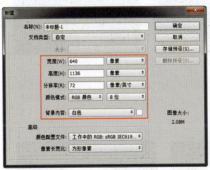

图7-39　　　　　　　　　　图7-40

02 打开并拖入"资源包\源文件\第7章\素材\73601.jpg"图像素材文件，将其调整到合适的大小和位置，设置该图层的"不透明度"为"10%"，效果如图7-41所示。新建名称为"工具栏"的图层组，使用"矩形"工具，在画布中绘制一个黑色的矩形，设置该图层的"不透明度"为"10%"，效果如图7-42所示。

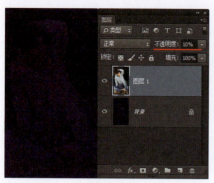

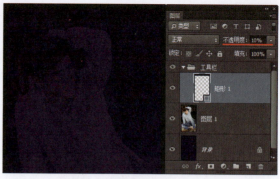

图7-41 图7-42

03 在"工具栏"图层组中新建名称为"椭圆"的图层组，使用"椭圆"工具，在画布中绘制一个白色的正圆形，如图7-43所示。将该正圆形复制多次，将复制得到正圆形分别调整到合适的位置，并且设置最后一个正圆形的"填充"为"无"、"描边"为白色，如图7-44所示。

图7-43 图7-44

04 使用"椭圆"工具，在画布中绘制一个白色的正圆形，如图7-45所示。继续使用"椭圆"工具，在选项栏中设置"路径操作"为"减去顶层形状"，在刚绘制的正圆形上减去一个正圆形，得到一个圆环，如图7-46所示。

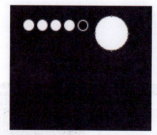

图7-45 图7-46

05 使用相同的制作方法，完成相似图形的绘制，效果如图7-47所示。使用"钢笔"工具，在选项栏中设置"工具模式"为"形状"，设置"路径操作"为"与形状区域相交"，在画布中绘制图形，得到所需图形，效果如图7-48所示。

图7-47 图7-48

在设置"路径操作"为"与形状区域相交"后，会保留原来的路径或形状与当前绘制的路径或形状互相重叠的部分。

06 使用相同的制作方法，完成相似图形的绘制并输入相应的文字，效果如图7-49所示。打开并拖入"资源包\源文件\第7章\素材\73602.png"图像素材文件，将其调整到合适的大小和位置，效果如图7-50所示。

图7-49

图7-50

07 新建名称为"Email"的图层组，使用"圆角矩形"工具，在选项栏中设置"半径"为"2像素"，在画布中绘制一个白色的圆角矩形，如图7-51所示。使用"矩形"工具，在选项栏中设置"路径操作"为"减去顶层形状"，在刚绘制的圆角矩形上减去一个矩形，得到所需图形，如图7-52所示。

图7-51

图7-52

08 使用"直线"工具，在选项栏中设置"路径操作"为"合并形状"，设置"粗细"为"1像素"，在画布中绘制两条白色的直线，设置该图层的"填充"为"50%"，如图7-53所示。使用相同的制作方法，在画布中绘制直线并输入相应的文字，效果如图7-54所示。

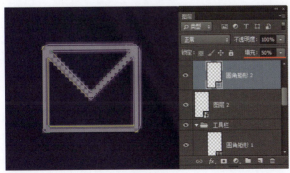

图7-53

图7-54

09 使用相同的制作方法，完成其他相似图形的绘制，并且输入相应的文字，效果如图7-55所示。使用相同的制作方法，完成该时尚男装电商App登录界面的制作，效果如图7-56所示。

图7-55 图7-56

10 执行"文件>新建"命令，弹出"新建"对话框，参数设置如图7-57所示，单击"确定"按钮，新建一个空白文档。设置"前景色"的RGB值为(235,234,241)，按快捷键Alt+Delete，为画布填充前景色，效果如图7-58所示。

图7-57 图7-58

11 使用相同的制作方法，完成顶部工具栏的制作，效果如图7-59所示。新建名称为"导航栏"的图层组，使用"矩形"工具，在画布中绘制一个白色的矩形，如图7-60所示。

图7-59 图7-60

12 为该图层添加"投影"图层样式，在弹出的"图层样式"对话框中设置相关参数，如图7-61所示。单击"确定"按钮，应用"投影"图层样式，效果如图7-62所示。

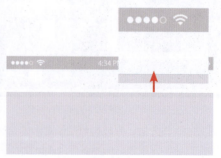

图7-61 图7-62

13 使用"直线"工具，在选项栏中设置"填充"的RGB值为(16,9,146)、"描边"为"无"、"粗细"为"2像素"，在画布中绘制3条直线，如图7-63所示。使用"横排文字"工具，在"字符"面板中设置相关参数，在画布中输入相应的文字，效果如图7-64所示。

图7-63　　　　　　　　　　　　　　　　图7-64

14 使用"圆角矩形"工具，在选项栏中设置"填充"的RGB值为(16,9,146)、"描边"为"无"、"半径"为"2像素"，在画布中绘制一个圆角矩形，如图7-65所示。执行"编辑>变换路径>斜切"命令，对图形进行斜切操作，得到所需图形，如图7-66所示。

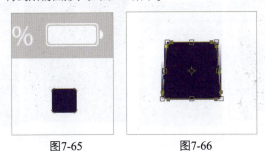

图7-65　　　　　　　图7-66

15 使用"矩形"工具，在选项栏中设置"路径操作"为"减去顶层形状"，在刚绘制的图形上减去一个矩形，得到所需图形，如图7-67所示。使用相同的制作方法，完成相似图形的绘制，效果如图7-68所示。

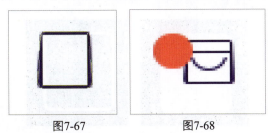

图7-67　　　　　　　图7-68

16 为"椭圆4"图层添加"描边"图层样式，在弹出的"图层样式"对话框中设置相关参数，如图7-69所示。单击"确定"按钮，应用"描边"图层样式，效果如图7-70所示。

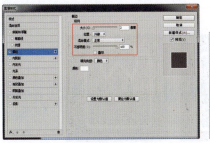

图7-69　　　　　　　　　　图7-70

17 使用"横排文字"工具，在画布中输入相应的文字，如图7-71所示。新建名称为"衬衫"的图层组，使用"矩形"工具，在画布中绘制一个白色的矩形，并且为该图层添加"投影"图层样式，效果如图7-72所示。

图7-71   图7-72

18 打开并拖入"资源包\源文件\第7章\素材\73603.jpg"图像素材文件，为该图层创建剪贴蒙版，效果如图7-73所示。使用"矩形"工具，在选项栏中设置"填充"的RGB值为(21,0,78)、"描边"为"无"，在画布中绘制一个矩形，设置该图层的"不透明度"为"56%"，效果如图7-74所示。

图7-73   图7-74

19 使用"圆角矩形"工具，在选项栏中设置"半径"为"5像素"，在画布中绘制一个白色的圆角矩形，如图7-75所示。使用"圆角矩形"工具，在选项栏中设置"路径操作"为"减去顶层形状"，在刚绘制的圆角矩形上减去一个圆角矩形，效果如图7-76所示。

图7-75   图7-76

20 使用"矩形"工具，在选项栏中设置"路径操作"为"减去顶层形状"，在图7-76中的图形上减去一个矩形，效果如图7-77所示。使用"钢笔"工具，在选项栏中设置"工具模式"为"形状"，在画布中绘制一个白色的图案，如图7-78所示。

图7-77   图7-78

21 使用相同的制作方法，完成该图案的绘制并输入相应的文字，效果如图7-79所示。使用相同的制作方法，完成该时尚男装电商App中商品分类界面的制作，效果如图7-80所示。

图7-79　　　　　　　　　　　　　　图7-80

22 执行"文件>新建"命令，弹出"新建"对话框，参数设置如图7-81所示，单击"确定"按钮，新建一个空白文档。使用相同的制作方法，完成界面顶部工具栏和导航栏的制作，效果如图7-82所示。

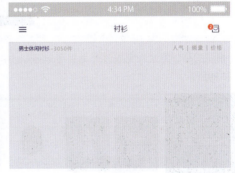

图7-81　　　　　　　　　　　　　　图7-82

23 使用相同的制作方法，在画布中绘制一个矩形，打开并拖入商品图像素材文件，将其调整到合适的大小和位置，并且输入相应的文字，效果如图7-83所示。使用"椭圆"工具，在选项栏中设置"填充"为"无"、"描边颜色"的RGB值为(255,42,42)、"描边宽度"为"1点"，在画布中绘制一个正圆形，如图7-84所示。

图7-83　　　　　　　　　　　　　　图7-84

24 使用"直接选择"工具，选中相应的锚点并进行调整，得到所需图形，如图7-85所示。使用"椭圆"工具，在选项栏中设置"填充"的RGB值为(255,42,42)，在画布中绘制一个正圆形，如图7-86所示。

图7-85　　　　　　　　　　　图7-86

25 使用相同的制作方法，完成其他图形的绘制并输入文字，效果如图7-87所示。完成该时尚男装电商App中商品列表界面的制作，效果如图7-88所示。

图7-87　　　　　　　　　　　图7-88

26 使用相同的制作方法，完成该时尚男装电商App中其他界面的制作，完整的时尚男装电商App界面效果如图7-89所示。

图7-89

7.4　移动电商App的设计原则

在进行移动电商UI设计时，精简是一贯的设计准则。这里所说的精简并不是内容上尽可能少，而是要注意重点的表达，突出商品的表现。在视觉上也要遵循用户的视觉逻辑，用户看着顺眼了，才会真正地喜欢。

7.4.1　清晰的视觉效果

手机屏幕尺寸较小，所以在设计移动电商App时，界面的清晰、直观非常重要。如果要使移动电商App拥有清晰的视觉效果，则需要注意以下几个方面。

1.　使用清晰度高的素材图像

用户在使用手机进行购物时，最让用户感到难以忍受的是商品图像不清晰，无法看到商品的细节。因此，在设计移动电商App时，需要使用清晰度高的图像，从而增强用户对商品的好感，如图7-90所示。

图7-90

2.　减少杂乱感

除了使用清晰度高的图像，还需要考虑界面的排版。例如，将什么位置作为需要重点突出的视觉焦点，将什么位置作为衬托。因此，需要在移动电商App的整体布局上多下功夫，使整体不会显得杂乱，从而提高用户满意度，如图7-91所示。

商品列表界面采用传统的行列布局形式，给人整齐、统一的视觉感受，便于用户浏览

商品列表界面采用瀑布流的排版方式展示商品，使界面表现出强烈的现代感与艺术感

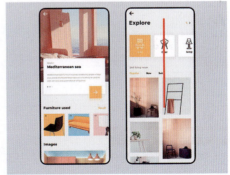

图7-91

3.　清晰的商品选项

设计者还需要考虑如何将商品的细节展示给用户。例如，商品的尺码、可选颜色等需要用户进行选择的选项，必须能够轻易地被选中，并且界面的整体不会显示杂乱。如果商品选项较多，则可以使用下拉列表，增加商品展示空间，减少界面的杂乱感，如图7-92所示。

217

在商品列表界面的头部为用户提供了不同类型商品的选项卡，用户通过左右滑动可以快速地在不同的商品类型之间进行切换，非常方便、快捷

在该商品列表界面中为用户提供了更加详细的商品筛选功能，在顶部弹出列表中不仅可以选择商品类别，还可以选择商品尺寸、颜色、价格等，使用户能够更容易地找到适合自己的商品

图7-92

7.4.2 巧妙地应用关键色

在进行移动电商UI设计时，需要在关键位置巧妙地应用关键色，突出重点信息和内容，并且有效地引起用户的注意，从而提高用户的购物体验，如图7-93所示。

使用纯白色作为界面背景色，可以有效突出界面中的商品图片及相关信息，为界面中的重要功能按钮搭配高饱和度的红色，表现效果非常突出，可以起到引导和强调作用

使用深灰蓝色作为界面背景色，可以有效突出界面中的美食商品图片，商品的价格使用高饱和度的黄色，关键功能按钮使用高饱和度的橙色，信息表现清晰、明确，给用户很好的购物指引

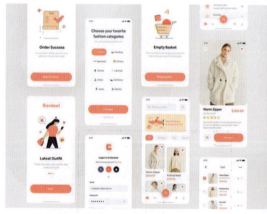

图7-93

7.4.3 高效的商品搜索

移动电商App通常会为用户提供搜索功能，从而方便用户快速查找所需商品。目前，移动电商App的搜索功能会通过两种方式给用户提供查找商品的便利性，一种是在搜索框中输入内容时自动弹出相关提示，如图7-94所示；另一种是在搜索框中提供流行关键词提示，使用户及时关注热点商品，如图7-95所示。

提供所输入关键
字相关的搜索内
容供用户选择

提供热点商品，用
户可以直接查看相
应的商品

图7-94　　　　　　　　图7-95

移动电商App中提供的商品浏览功能不应该是烦琐的，设计师设计出来的浏览模式应该是充满探索乐趣、用户易于使用的。在移动电商App的设计过程中，应该尽量精简导航分类，同时根据用户的浏览记录，为用户提供感兴趣的商品。

7.4.4　提供商品收藏和分享功能

为商品提供收藏标签，这是移动电商App中常用的方法，用户可以随时将自己浏览到的感兴趣的商品加入个人收藏，并且在个人收藏中查看自己感兴趣的商品，如图7-96所示。

用户在购买商品之前，往往不知道商品的质量如何，是否适合自己。为了提高用户的信任感，最好鼓励购买过该商品的用户对商品进行评价，即使不发表文字评论，也可以对商品进行评分，如图7-97所示。

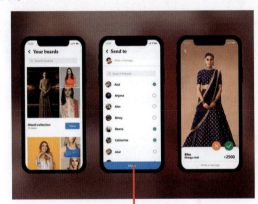

不仅可以将商品分享到社交网络，还可以将商品
分享给好友，提升商品的曝光度

提供商品评价功能，商品评价是新用户购买该商品
的判断标准之一

图7-96　　　　　　　　　　　　　　　　图7-97

在移动电商App的设计过程中，需要不断地优化客户体验，及时推出方便用户使用的个性化功能。例如，根据用户的购买记录和搜索记录，为用户推荐相关商品，使用户能够很方便地找到自己感兴趣的商品。

7.4.5　流畅的支付流程

对不熟悉网购的用户来说，在线支付是最头痛的问题，如果支付流程过于烦琐，肯定会流失大量的用户。简单、高效的支付流程是移动电商App不可忽视的重要环节。

在移动电商App的设计过程中，无论用户当前在哪个界面，都应该可以快速地访问购物车界面，从而方便用户查看购物车中的商品。常见的表现方式有两种，一种是将购物车按钮悬浮于界面之上，使其随着界面的滚动而滚动；另一种是将购物车按钮固定在屏幕的顶部或底部。无论使用何种形式，都能够方便用户操作，如图7-98所示。

此外，移动电商App要能够保存用户的地址、电话号码、支付信息等，使用户在下次购物时，无须重复输入或选择，从而简化购物支付流程，如图7-99所示。

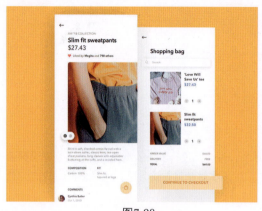

图7-98

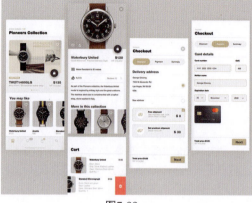

图7-99

7.4.6 设计时尚女装电商App

本案例主要介绍如何设计一款时尚女装电商App。运用极其简约的风格着重展现女装商品图像，从而体现出商品的高级感。在该时尚女装电商App的商品列表界面中，采用时尚杂志的不规则方式排列商品图像，使界面给人一种强烈的时尚感。

实战练习 03　设计时尚女装电商App

视　频：资源包\视频\第7章\7-4-6.mp4　源文件：资源包\源文件\第7章\746-1.psd ～ 746-5.psd

01 执行"文件>新建"命令，弹出"新建"对话框，参数设置如图7-100所示，单击"确定"按钮，新建一个空白文档。设置"前景色"的RGB值为(244,244,244)，按快捷键Alt+Delete，为画布填充前景色，如图7-101所示。

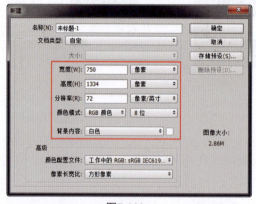

图7-100

图7-101

02 使用"横排文字"工具，在"字符"面板中设置相关参数，在画布中输入相应的文字，效果如图7-102所示。使用相同的制作方法，在画布中输入其他文字，效果如图7-103所示。

图7-102　　　　　　　　　　　　　　　　　　　图7-103

03 打开并拖入"资源包\源文件\第7章\素材\74601.png"图像素材文件，如图7-104所示。使用"圆角矩形"工具，在选项栏中设置"填充"为"无"、"描边"为白色、"描边宽度"为"3点"、"半径"为"50像素"，在画布中绘制一个圆角矩形，如图7-105所示。

图7-104　　　　　　　　　　　　　　　　　　　图7-105

04 复制"圆角矩形1"图层，得到"圆角矩形1拷贝"图层，将复制得到的图形向下移至合适的位置，设置其"描边"为"无"、"填充"的RGB值为(239,222,204)，如图7-106所示。使用"横排文字"工具，在画布中输入相应的文字，完成该时尚女装电商App启动界面的制作，效果如图7-107所示。

图7-106　　　　　　　　　　　　　　　　　　　图7-107

05 执行"文件>新建"命令，弹出"新建"对话框，参数设置如图7-108所示，单击"确定"按钮，新建一个空白文档。打开并拖入"资源包\源文件\第7章\素材\74602.png"图像素材文件，如图7-109所示。

图7-108　　　　　　　　　　　图7-109

06 使用"矩形"工具，在画布中绘制一个黑色矩形，设置该图层的"不透明度"为"70%"，如图7-110
所示。新建名称为"顶层"的图层组，使用"椭圆"工具，在画布中绘制一个白色的正圆形，如
图7-111所示。

图7-110　　　　　　　　　　　图7-111

07 多次复制刚绘制的正圆形，分别将复制得到的图形调整到合适的位置并设置其"不透明度"，效果如
图7-112所示。使用相同的制作方法，完成顶部工具栏的制作，效果如图7-113所示。

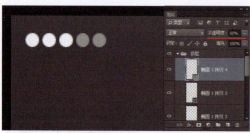

图7-112　　　　　　　　　　　图7-113

08 根据前面讲解的启动界面的制作方法，在画布中输入相应的文字，效果如图7-114所示。使用相同的
制作方法，完成该时尚女装电商App中登录界面的制作，效果如图7-115所示。

图7-114　　　　　　　　　　　图7-115

09 执行"文件>新建"命令，弹出"新建"对话框，参数设置如图7-116所示，单击"确定"按钮，新建一个空白文档。使用相同的制作方法，完成顶部工具栏的制作，效果如图7-117所示。

图7-116 图7-117

10 使用"矩形"工具，在选项栏中设置"填充"的RGB值为(73,73,73)、"描边"为"无"，在画布中绘制一个矩形，并且对该矩形进行复制，效果如图7-118所示。使用"横排文字"工具，在"字符"面板中设置相关参数，在画布中输入相应的文字，如图7-119所示。

图7-118 图7-119

11 使用"钢笔"工具，在选项栏中设置"填充"为"无"、"描边"的RGB值为(73,73,73)、"描边宽度"为"2点"，在画布中绘制一个图形，如图7-120所示。使用"圆角矩形"工具，在选项栏中设置"填充"为"无"、"描边"的RGB值为(73,73,73)、"半径"为"5像素"，在画布中绘制一个圆角矩形，如图7-121所示。

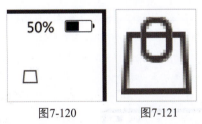

图7-120 图7-121

12 为该图层添加图层蒙版，使用"画笔"工具，在选项栏中设置"前景色"为黑色，在图层蒙版中进行涂抹，如图7-122所示。使用"自定形状"工具，在选项栏中设置"填充"的RGB值为(73,73,73)、"描边"为"无"，在"形状"下拉列表中选择合适的形状，在画布中绘制选择的形状，效果如图7-123所示。

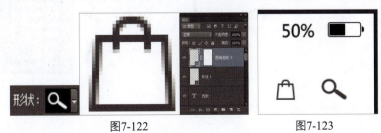

图7-122 图7-123

13 使用"直线"工具，在选项栏中设置"填充"的RGB值为(218,218,218)、"描边"为"无"、"粗细"为"1像素"，在画布中绘制一条直线，如图7-124所示。使用"矩形"工具，在选项栏中设置"填充"的RGB值为(242,242,242)、"描边"为"无"，在画布中绘制一个矩形，如图7-125所示。

图7-124   图7-125

14 新建名称为"商品"的图层组，使用"矩形"工具，在选项栏中设置"填充"的RGB值为(239,222,204)、"描边"为"无"，在画布中绘制一个矩形，如图7-126所示。打开并拖入"资源包\源文件\第7章\素材\74606.png"图像素材文件，效果如图7-127所示。

图7-126   图7-127

15 使用"横排文字"工具，在"字符"面板中设置相关参数，在画布中输入相应的文字，效果如图7-128所示。使用相同的制作方法，完成该时尚女装电商App中商品分类界面的制作，效果如图7-129所示。

图7-128   图7-129

16 执行"文件>新建"命令，弹出"新建"对话框，参数设置如图7-130所示，单击"确定"按钮，新建一个空白文档。使用相同的制作方法，完成时尚女装电商App中商品展示界面的制作，效果如图7-131所示。

图7-130　　　　　　　　　　　　　　　图7-131

17 新建名称为"底层"的图层组，使用"钢笔"工具，在选项栏中设置"填充"为"无"、"描边"的RGB值为(109,109,109)、"描边宽度"为"2点"，在画布中绘制一个图形，如图7-132所示。使用相同的制作方法，完成相似图形的绘制，效果如图7-133所示。

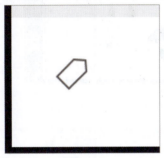

图7-132　　　　　　　　　　　　图7-133

18 使用"横排文字"工具，在"字符"面板中设置相关参数，在画布中输入相应的文字，如图7-134所示。使用相同的制作方法，完成该时尚女装电商App中商品列表界面底部图标的绘制，效果如图7-135所示。

图7-134　　　　　　　　　　　　图7-135

19 使用相同的制作方法，完成该时尚女装电商App中其他界面的制作，最终效果如图7-136所示。

图7-136

7.5 本章小结

　　本章向读者介绍了移动电商UI设计的相关知识，使读者对移动电商App有了一定的了解和认识，并且通过多个具有代表性的移动电商App案例的制作，讲解了移动电商App的设计方法和技巧。在移动电商UI设计过程中，一定要注意保持界面的简洁、大方，重点突出商品信息。